Adrian Plass & Jeff Lucas

Kommen Haustiere in den Himmel?

... und andere Fragen an die „Frommen Chaoten"

ADRIAN PLASS
JEFF LUCAS

»Kommen Haustiere in den Himmel?«

... und andere Fragen
an die „Frommen Chaoten"

**Aus dem Englischen
von Christian Rendel**

Brendow.
Verlag | Alles, was Sinn macht!

Bibliografische Information der Deutschen Nationalbibliothek
Die Deutsche Nationalbibliothek verzeichnet diese Publikation in der
Deutschen Nationalbibliografie; detaillierte bibliografische Daten
sind im Internet über http://dnb.d-nb.de abrufbar.

ISBN 978-3-86506-989-4
© 2017 der deutschsprachigen Ausgabe by Joh. Brendow & Sohn Verlag GmbH, Moers
Originaltitel: All Questions Great and Small
Copyright © Adrian Plass and Jeff Lucas, 2015
The right of Adrian Plass and Jeff Lucas to be identified as the Authors of the Work has
been asserted by them in accordance with the Copyright, Designs and Patents Act 1988.
First published in Great Britain in 2015 by Hodder & Stoughton. An Hachette UK company
Carmelite House, 50 Victoria Embankment
London EC4Y 0DZ
Aus dem Englischen übersetzt von Christian Rendel
Einbandgestaltung: Brendow Verlag, Moers
Satz: Brendow Web & Print, Moers
Druck und Bindung: CPI – Clausen & Bosse, Leck
Printed in Germany
www.brendow-verlag.de

Für Nicki Rogers und Philippa Hanna, die unsere Touren mit Musik, Lachen und bester Gesellschaft bereichert haben.

Inhalt

Vorwort

Nicki

In den letzten fünfzehn Jahren hatte ich die Gelegenheit, viele großartige Schriftsteller und Redner bei verschiedenen Veranstaltungsformaten musikalisch zu begleiten. Ich finde meinen Job herrlich und weiß, was für ein Glückspilz ich bin. Aber ich muss zugeben, dass nicht jede Veranstaltung das reinste Vergnügen ist. Es gab auch schon Gelegenheiten, bei denen ich mich, sobald ich mit dem Singen fertig war, irgendwohin verdrückt habe, um ein Buch zu lesen oder E-Mails zu verschicken, bis ich wieder an der Reihe war. Entsetzlich, ich weiß. Schande über mich.

Vor vier Jahren aber bekam ich die Einladung, gemeinsam mit zwei Leuten eine Tour unter dem Titel „Seriously Funny" zu gestalten. Beide hatten eine tiefe Wirkung bei mir hinterlassen, als ich ihnen unabhängig voneinander begegnet war. Das gab mir sofort Hoffnung, mir während der ein oder zwei Wochen, die ich mit ihnen unterwegs sein würde, nicht dauernd ein Versteck suchen zu müssen.

Jeff Lucas und Adrian Plass zusammen haben genug Heiterkeit in sich, um auch dem größten Griesgram ein Lächeln abzuringen, genug lebensechte Bodenständigkeit, um ehrlich zu sein, ohne sich an schwierigen und unangenehmen Themen elegant vorbeizudrücken, und vor allem genug Liebe, um selbst den hartherzigsten Menschen dazu zu bringen, sich innerlich ein wenig erwärmt zu fühlen.

Die „Seriously-Funny"-Tour löste genau das ein, was auf dem

Etikett stand: Sie verband Ernstes und Witziges in einem Gespräch unter Freunden über die Hürden und Realitäten im alltäglichen Leben als Christ. Und das Beste war, dass das Publikum sich an diesem Dialog beteiligen konnte.

Die erste Hälfte jedes Abends fing so an wie eine Plauderei unter Freunden am Kamin. Wir hörten zu, wie Jeff und Adrian sich ohne Skript über so vielfältige Themen unterhielten wie Verlust, Zweifel, Glaube, Depression, tote Hamster, Inkontinenz und alles andere, was ihnen am jeweiligen Abend zufällig in den Sinn und somit auf der Bühne zur Sprache kam.

Während der zweiten Hälfte verließ ich meinen Klavierhocker und las laut die anonymen Fragen aus dem Publikum vor, damit Jeff und Adrian sie beantworten – oder zumindest etwas dazu sagen konnten.

Die Leute schütteten auf den Zetteln mit herzzerreißender Ehrlichkeit ihre Herzen aus, und man kann mit Fug und Recht sagen, dass es uns manchmal so vorkam, als tue sich vor uns der Blick auf ein Schlachtfeld voller geschundener, geschlagener und bisweilen wirklich ernsthaft verletzter Mitglieder der wunderbaren, chaotischen Familie Gottes auf.

Jeff und Adrian antworteten ehrlich und einfühlsam aus ihrer eigenen Erfahrung, und manchmal gaben sie auch offen zu, dass sie gar keine Antworten hatten. Es durfte alles gefragt werden, und ich gab mir alle Mühe, ihnen so viele knifflige Fragen wie möglich zuzuschustern!

Natürlich wurde es auch sehr lustig. Immer wieder sah ich Leute unter Tränen lachen und den Beweis antreten, dass Lachen tatsächlich die beste Medizin ist. Überall im Saal lockerten sich angespannte Schultern, als die Leute merkten, dass es ihnen genauso ging wie den Sitznachbarn und dass die Leute auf der Bühne auch nur Menschen waren. Am Ende jedes Abends hatte man den Eindruck, dass ein Saal voller Leute, die sich überhaupt nicht kannten, mit dem Gefühl nach Hause gingen, sie könnten vielleicht doch irgendwo hingehören. Vielleicht waren sie doch gar nicht so allein.

Dieses Buch ist eine Sammlung dieser Fragen und eine Gelegenheit, die Atmosphäre jener ernsthaften und doch witzigen Abende noch einmal einzufangen.

Für mich war es ein herrliches Erlebnis, mit zwei Leuten auf der Bühne stehen zu dürfen, die zu meinen Lieblingsmenschen gehören. Bei ihnen stimmen Verpackung und Inhalt absolut überein, und der Inhalt ist Gold wert. Dass während meiner Abende mit Jeff und Adrian keine E-Mails verschickt wurden und ich mich während der Touren nicht ein einziges Mal verstecken musste, versteht sich von selbst.

Ich schlage vor, du schaltest dein Telefon aus, machst es dir in irgendeiner Ecke gemütlich und spürst, wie sich deine Schultern lockern, während du uns auf dieser nächsten Etappe der Seriously-Funny-Reise begleitest.

Nicki Rogers

Einleitung

Adrian

Ist euch aufgefallen, dass es in christlichen Kreisen zurzeit in Mode ist, negativen Aussagen nachdrücklich, ja geradezu begeistert zuzustimmen? Ein paar Beispiele gefällig? Okay.

„Wie denkst du über Zweifel? Ist es erlaubt, wenn Christen Zweifel haben?"

„Na klar! Ja! Absolut! Meine Güte, natürlich! Zweifel sind unverzichtbar. Wenn du nicht zweifelst, ist der Glaube bedeutungslos! Gib deine Zweifel niemals auf. Gerade wenn wir zweifeln, zeigt sich der wahre Glaube am stärksten."

„Warum scheint Gott meine Gebete zu ignorieren?"

„Weil du ihm wichtig bist natürlich. Wie willst du denn sonst lernen, ihm zu vertrauen? Das sind von Gott geschenkte Gelegenheiten, daran zu glauben, dass du geliebt bist, auch wenn du nicht bekommst, was du dir wünschst. Ergreife diese Gelegenheiten und sei dankbar dafür."

„Ich finde Gottesdienste ein bisschen langweilig."

„Ein *bisschen* langweilig? Gottesdienste sind die ödeste, unsäglich schrecklichste Art, seine Zeit zu verbringen, die sich ein einigermaßen vernünftiger Mensch nur vorstellen kann. Die Räume, die Musik, die Predigten, die Leute, die Pastoren, das Gebet, der Lobpreis, der Kaffee, die Kekse, das alles interessiert doch keine Sau! Zum Gähnen! Lass dich bestrahlen vom Sonnenlicht deiner göttlich inspirierten Einsicht. Jetzt kannst du anfangen, vorwärtszugehen! Herzlichen Glückwunsch!"

„Gott hasst die Sünde, nicht wahr?"

„Ob er die Sünde hasst? Lieber Himmel, du fällst mir doch jetzt nicht auf diesen Blödsinn herein, oder? Sünde ist der Schatten, der vom Licht der Reinheit Gottes geworfen wird. Sie ist etwas Wertvolles, woraus wir lernen können. Mal ganz ehrlich: Gott gebraucht die Sünde."

Klar, ein bisschen übertrieben, aber diese Mode oder Phase gibt es wirklich. Warum? Was ist da los? Mein Gedanke ist, dass immer mehr Leuten die begriffliche und kreative Seichtigkeit bewusst wird, von der vieles, was wir über das Leben als Christ sagen und schreiben, gekennzeichnet ist. Indem wir hinabtauchen in die düsteren Tiefen der Verneinung, versuchen wir vielleicht, den Schlamm aufzurühren, in der Hoffnung, dass dann vielleicht etwas Neues, etwas mit eigener, handfester Substanz, an die Oberfläche treibt.

Vielleicht waren wir bisher ein bisschen zu nachlässig dabei, richtig auf die Fragen einzugehen, die so oft von Leuten gestellt werden, die nach einer Wahrheit suchen, die tatsächlich etwas mit der Wirklichkeit zu tun hat. Diese Ansicht haben Jeff und ich schon öfter geäußert. In den letzten Jahren waren wir einige Male zusammen auf Tour, um neue Bücher bekannt zu machen und während der ersten Hälfte der Abende einen ungeplanten Dialog zu führen. In der zweiten Hälfte hatte das Publikum die Möglichkeit, uns jede beliebige Frage zu stellen, und die Leute forderten uns wirklich heraus, nicht nur große Sprüche zu machen, sondern Tacheles zu reden. Schüchtern waren sie jedenfalls nicht. Unsere Aufgabe war es, auf diese witzigen, tief empfundenen, neugierigen, verzweifelten Anfragen so ehrlich und so hilfreich wie möglich zu antworten. Dieses Buch beruht zum größten Teil auf diesen Fragen und unseren wackeren Bemühungen, bei unseren Antworten authentisch und einigermaßen unterhaltsam zu bleiben.

Negativ? Positiv? Schwer verdaulich, aber letzten Endes wertvoll? Hilfreich? Vermutlich all das in unterschiedlichem Maße, aber das müsst ihr selbst beurteilen. Das Christsein war noch nie eine exakte Wissenschaft, aber wir hoffen, ihr seid offen für unsere ganz persönlichen Ergüsse.

Das erinnert mich daran, wie …

Adrian

Kommen Haustiere in den Himmel?

Bevor wir darauf eingehen, lasst mich sagen, dass mir das Hamsterproblem sehr wohl bewusst ist. Wie meine Frau völlig zu Recht betont, haben Hamster so etwas wie einen Konstruktionsfehler (sorry, Gott, ist aber so). Sie sterben. Sie verschwinden. Sie unternehmen Ausflüge unter und hinter und in alle möglichen Dinge, die gefährlich für sie sind. Schlimme Dinge passieren mit diesen flauschigen kleinen Viechern. Eine Freundin erzählte mir, ihre kleine Enkelin habe ihr eines Tages per SMS mitgeteilt, sie habe zwei neue Hamster, die sie „Faith" und „Hope" getauft habe. Süß und natürlich auch biblisch, aber vielleicht hätten sie noch eine „Charity" gebraucht, um das Trio komplett zu machen. Eine weitere SMS überbrachte wenig später die unerwartete und ziemlich groteske Nachricht, dass Faith Hope gefressen hatte.

„Die Hoffnung stirbt, aber der Glaube bleibt" – das mag in anderen Situationen eine ermutigende Botschaft sein, aber nicht in dieser tarantinomäßigen Episode im Leben eines kleinen Kindes.

Worauf ich hinauswill: Wenn Haustiere gerettet werden sollen, müsste der Himmel von menschlicher Warte aus einen regelrechten Ozean, ein endloses Panorama, eine Ewigkeit aus lauter kleinen, braunen, fiependen Viechern bieten, die darauf warten, von ihren auferstandenen Besitzern wieder in Empfang genommen zu werden. Dabei sind natürlich die Legionen von

23

Kaninchen, Hunden, Katzen, Pferden, Eseln, Elefanten, Kamelen und anderen Geschöpfen, die irgendwann in ihrem Leben von Menschen ins Herz geschlossen wurden, noch gar nicht eingerechnet. Irgendwo macht sich bei dieser Vorstellung eine ermüdende Absurdität breit, oder?

Wenn wir allerdings bereit sind und uns dazu entschließen können, die öden Grenzen menschlichen Verstehens mal vorübergehend außer Acht zu lassen, finden wir vielleicht noch eine andere Spur, der wir folgen könnten. Auf diese Spur bin ich erst gekommen, seit ich einen Blick dafür bekommen habe, wie Liebe, Laune und Einfallsreichtum im Wesen Gottes gemeinsam wirken. Ich verstehe das selbst kaum, geschweige denn, dass ich es anderen erklären könnte, aber ich will es mal versuchen.

Hilfreich dabei ist ein Blick auf das Wirken des Paulus. Offenbar hatte der große Apostel keinerlei Scheu, Form und Methode seiner Verkündigung zu verändern, wann immer er sich davon für die vor ihm liegende Aufgabe einen Vorteil versprach. Ein gutes Beispiel dafür ist der Altar in Athen, der DEM UNBEKANNTEN GOTT geweiht war. Zum Glück gab es dort kein Komitee gewissenhafter Evangelikaler, die ihr Veto dagegen einlegten, als Paulus beschloss, diese Gottheit ohne Namen mit dem einen wahren Gott und Vater des auferstandenen Jesus gleichzusetzen. War das nicht eine tolle Idee? Genau die Sorte maßgeschneiderter toller Ideen, von denen Gott sich, glaube ich, auch heute noch wünscht, dass wir sie im Umgang mit den Männern und Frauen unserer Zeit anwenden. Unerwartet, ein bisschen ruppig, leicht irritierend, nichtreligiös, individuell, wertschätzend, bezaubernd humorig und einfallsreich, passen solche Ideen nicht unbedingt in unsere selbst gemachten Schablonen, die in unserer verarmten Verkündigung so verbreitet sind. Ich kenne einen Mann, der nie gerne in seine Werkstatt ging, weil er immer total neurotisch wurde, wenn auf einem der sorgfältig gezeichneten Umrisse an seiner Wand der dazugehörige Hammer oder Meißel oder Schraubendreher fehlte. Ich glaube, ihm wäre es vielleicht lieber gewesen, einfach nur glücklich mitten in seiner perfekt aufgeräumten Werkstatt zu sitzen und keines der Werkzeuge jemals zu benutzen. Ist doch viel sicherer so. Erinnert euch das an etwas? Ja? Dachte ich mir.

Und was hat das alles jetzt mit Haustieren zu tun? Nun, meine Erinnerung an das Jahr 2012 ist von einem ganz besonders epochalen Ereignis geprägt. Einem Todesfall nämlich: dem Tod eines Hundes, der Freunden von uns gehörte. Buddy war eine riesige, samtig-graue Dänische Dogge mit einer umwerfenden Persönlichkeit, einem unfassbaren Appetit und einem unauslöschlichen Drang, zu lieben und geliebt zu werden.

Dave, Faith, Ruth und Jonny waren tief betrübt über ihren Verlust, und wir alle konnten es kaum fassen, dass eine so eindrucksvolle Präsenz einfach aufhören konnte zu existieren.

Nach Buddys Tod fragte mich jemand, ob ich glaube, dass es im Himmel Hunde geben wird. Was hättest du darauf gesagt? In unserer postmodernen Zeit scheinen wir ja alle irgendwelche Überzeugungen aus der Luft zu greifen und daran zu glauben, einfach weil sie sich bei uns einnisten. Ich habe keine Ahnung, ob es im Himmel Tiere geben wird, aber zwei Dinge weiß ich genau. Liebe ist nicht zerstörbar. Das ist das eine. Das andere ist, dass Gott, wie gesagt, voller weiser, schrulliger Ideen ist und genau das tun wird, was er will. Eingedenk dieser beiden Dinge beschloss ich, ein Gedicht zu schreiben, nämlich das folgende:

Buddy
Ein Kopf, so groß wie ein Schuhkarton,
Der staunende Blick eines Kindes,
Ein Fuß wie ein Gaul, ein sabberndes Maul

Taub für den Ruf der Wildnis.
Im Himmel fand gerade ein Treffen statt
An dem Tag, als Buddy schlief ein.
Bis spät in die Nacht wurde nachgedacht:
Dürfen auch Tiere herein?
„Undenkbar", sagten die Engel zumeist,
„Seelenlos sind sie und dumm."
Einer Handvoll war das nicht ganz so klar,
Doch Gott saß nur da und blieb stumm.
Dann erhob er sich endlich und sagte:
„Bald ist's dunkel, es lockt mich hinaus.
Wir klären die Frage demnächst dieser Tage,
Denn Buddy muss dringend mal raus."

**Jeff, du lebst in den USA, wo es jede Menge
Waffen gibt. Hast du schon jemals so einer Kanone
in den Lauf geschaut?**

Ja. Zwei Mal.

Das erste Mal schloss ich in Reno, Nevada, Bekanntschaft mit dem gefährlichen Ende einer Schusswaffe. Ich fuhr mit dem Auto, so glaubte ich, auf der Innenspur einer Schnellstraße, aber das stimmte nicht. Offenbar war ich tatsächlich auf dem Seitenstreifen unterwegs, und so nahm sich ein Polizist aus der Gegend vor, sich mal mit mir zu unterhalten. Er fuhr von hinten mit blau und rot blinkenden Lichtern an mich heran. In England war es zumindest damals noch üblich, dass ein Angehöriger der Ordnungskräfte, wenn er einen anhalten wollte, überholte und dann ein beleuchtetes Stoppzeichen einschaltete. In Amerika wird so ein Zeichen nicht benutzt, sondern sie blinken einen einfach nur von hinten an. Damals gab es noch nicht so viele US-Polizeiserien im Fernsehen, sodass ich nicht gleich kapierte, dass dieser Gesetzeshüter mit mir reden wollte. Ich dachte, er wollte einfach nur an mir vorbei. Also fuhr ich weiter, wenn auch langsamer.

Dann schaltete er seine Sirene ein. Ich kapierte es immer noch nicht und fuhr weiter.

Als Nächstes strahlte er mir mit dem auf dem Dach montierten Suchscheinwerfer in den Rückspiegel. Ich fuhr trotzdem weiter.

Nun endlich verschaffte sich der Polizist, inzwischen stinksauer, meine Aufmerksamkeit, indem er mir über die Lautsprecheranlage seines Streifenwagens zubrüllte: „Halten Sie an, und zwar sofort!" An diesem Punkt fühlte ich mich geführt, anzuhalten, und zwar sofort. Aber damit fingen meine Probleme erst an.

In England ist es üblich, aus dem Wagen auszusteigen, um mit dem Beamten zu sprechen – zumindest war das früher so. Zum Glück hatte ich in letzter Zeit nicht allzu viele derartige Unterhaltungen mit den vorzüglichen Männern und Frauen, die bei unseren Polizeikräften dienen, sodass ich nicht genau weiß, ob das immer noch der Fall ist. In Amerika hingegen steigt man *auf keinen Fall* aus, denn das wird als Bedrohung wahrgenommen. Falls dir so etwas in den USA jemals passiert, rate ich dir: Kurbele deine Seitenscheibe herunter. Warte geduldig auf den Polizisten. Leg deine Hände aufs Lenkrad, wo er sie sehen kann. Und wenn du nach deinem Führerschein gefragt wirst, beug dich nicht zu hastig zum Handschuhfach hinüber, damit es nicht so aussieht, als ob du nach einer Waffe greifen wolltest, was unerfreuliche

Konsequenzen nach sich ziehen könnte. Da ich von all dieser Straßenrandetikette nichts ahnte, sprang ich aus dem Wagen.

Im selben Moment hörte ich den Polizisten brüllen: „Keine Bewegung! Bleiben Sie stehen!" Er hielt den Scheinwerfer auf mich gerichtet, und ich sah seine Umrisse in dem blendenden Licht. Er stand mit nach vorn ausgestreckten Armen breitbeinig da, die Waffe in der Hand auf meinen Kopf gerichtet. Nicht schön.

Ich beschloss, einen auf empörten Engländer zu machen, und führte meine beste Prinz-Charles-Imitation auf. Funktionierte prima.

Das andere Mal war noch beängstigender. Auf unsere Familie wurde geschossen. Der Täter war ein Freund von uns, und zwar ausgerechnet ein Pastor. Sehr unhöflich.

John, ebenfalls ein in Amerika lebender Brite, hatte sich ein Gewehr mit Kaliber .308 gekauft, schon eine ziemlich ernst zu nehmende Waffe. Kay und ich waren mit unseren damals noch kleinen Kindern bei John zum Frühstück eingeladen. Plötzlich sprang er vom Tisch auf und verkündete begeistert, er müsse uns unbedingt etwas zeigen.

Gleich darauf kam er wieder aus seinem Zimmer zurück und präsentierte uns stolz sein neu erworbenes Gewehr. Er wollte uns unbedingt zeigen, wie es funktionierte, und überhaupt, sagte er, sei es natürlich nicht geladen.

Aber da irrte er sich. Ich weiß nicht, wieso, aber aus irgendeinem Grund hatte er ein paar Patronen in das Magazin geladen und sie dann vergessen. Er spannte den Hahn und drückte ab. Das Geräusch des Schusses, der sich in der Enge der Küche löste, war ohrenbetäubend. Die Kugel traf den Holzofen am anderen Ende des Esstisches, prallte ab, fuhr dann quer über den Tisch, um schließlich in der Decke einzuschlagen. Sie verfehlte uns um höchstens einen Meter.

Mit Tränen in den Augen schauten wir uns panisch am Tisch um, ob unsere Kinder noch lebten.

Sie waren traumatisiert, aber unverletzt.

John, selbst völlig unter Schock, eilte zurück in sein Zimmer und lud in dem fieberhaften Bestreben, das Gewehr unschädlich zu machen, noch eine Patrone in die Kammer und schoss ein Loch in den Teppichboden. An diesem Punkt rannte seine Frau zu ihm ins Zimmer und schrie ihn an, er solle aus dem Haus verschwinden und erst wiederkommen, wenn keine Patronen mehr in dem Gewehr seien.

Wenn ein Polizist dich auffordert, anzuhalten, dann fahr rechts ran.

Und wenn ein Brite mit einem Gewehr dich zum Frühstück einlädt, tu alles, aber geh nicht hin.

Jeff

Was war das schlechteste Essen, bei dem du je so tun musstest, als würde es dir schmecken?

Das war ein äthiopisches Essen in Äthiopien (wo es vermutlich einfach nur Essen genannt wird). Ich will nicht schlecht über die äthiopische Küche reden; wahrscheinlich lag es nur an diesem Restaurant, in dem wir aßen, aber aus drei Gründen würde ich sagen, dass dies für mich die schlechteste Mahlzeit meines Lebens war.

Die äthiopische Kultur verlangt, dass Ehrengäste von ihrem

Gastgeber gefüttert werden. Also fing der Mann neben mir an, das Essen von meinem Teller zu nehmen (mit den Fingern, Besteck war nirgends zu sehen) und es mir in den Mund zu stopfen. Ich war zu höflich, um das abzulehnen, obwohl die Versuchung, ihm in die Finger zu beißen, äußerst stark war (aber das wäre wohl ein bisschen zu Hannibal-Lecter-mäßig gewesen). Außerdem war ich ein bisschen in Panik, denn in dieser Kultur wird die eine Hand dazu benutzt, nach dem Essen zu greifen, während die andere zum Abwischen des ... nein, ich habe mir geschworen, dieses Thema nie wieder zu erwähnen. Sagen wir einfach, ich hatte schreckliche Angst, er könnte die falsche Hand benutzen.

Und dann wurde einem aus unserer Gruppe furchtbar schlecht, nachdem er eine ordentliche Portion von diesem Essen hinuntergeschlungen hatte. Schön war das nicht.

Und schließlich bekamen wir etwas zu essen, was *injera* genannt wird und aussieht wie menschliche Haut. Es könnte sogar wie menschliche Haut schmecken, soviel ich weiß. Muss mal Hannibal Lecter fragen.

Pfui.

Adrian

Hast du eine lustige Geschichte
über Gesundheit und Sicherheit?

Ja, ich habe eine unfassbar lustige Geschichte über Gesundheit und Sicherheit. Leider ist diese großartige Anekdote so Seitenstechen auslösend, schenkelklopfend komisch, dass mir die Europäische Leitstelle für Ernst, Niedergeschlagenheit und Depression (ELEND) strikt verboten hat, sie schriftlich, mündlich oder in irgendeiner anderen Form weiterzugeben. Die Strafe für Zuwiderhandlung ist der Tod, und das Risiko gehe ich nicht noch einmal ein. Ich hatte 1997 ein niederschmetterndes Erlebnis mit dieser Behörde, als es mir nicht gelang, einen Saal voller Leute bei einem Round-Table-Treffen in Ashby-de-la-Zouch zu unterhalten. Nie wieder.

Vielleicht hat Jeff eine weniger lustige Geschichte, die er euch erzählen darf. Ich glaube, die ELEND hat ihm eine Saisonlizenz ausgestellt.

Jeff

Jeff, hast du als erfahrener Vielreisender einen Ratschlag für Langstreckenflüge?

Zuerst einmal sei dankbar, dass du die Möglichkeit hast, Reisen zu erleben. Im Ernst. In Indien gibt es einen Flugzeugingenieur im Ruhestand, der hinten in seinem Garten ein ausrangiertes Flugzeug stehen hat. Jeden Tag dürfen die Leute aus dem Dorf zu ihm kommen und einen virtuellen Flug genießen. Sie steigen ein, schnallen sich an, bekommen eine Sicherheitsunterweisung und gehen schließlich, nachdem ihnen ein Snack serviert wurde, wieder von Bord – ohne überhaupt geflogen zu sein. Aufgrund ihrer Armut wird vermutlich keiner dieser Leute jemals irgendwo hinfliegen. Wenn ich in Versuchung bin, mich aufzuregen über Verspätungen, Pannen, schlecht gelaunte Flugbegleiterinnen, die scheinbar nur darauf warten, ihre Passagiere mit einem elektrischen Viehstock zu zappen, oder über die nicht identifizierbare und nur halbwegs essbare Bordverpflegung oder darüber, dass der Kerl vor mir mir die Blutzirkulation abschnürt, indem er seinen Sitz nach hinten schiebt, dann rufe ich mir dieses Dorf in Indien in Erinnerung.

Zweitens: Wenn etwas schiefgeht, sei nett. Das ist nicht nur ein von Grund auf christlicher Gedanke, sondern es ist auch aus altruistischem Blickwinkel ratsam. Ich habe schon erlebt, wie Leute fluchend und brüllend am Check-in andere Sitzplätze verlangt, sich über Verspätungen oder Flugausfälle echauffierten und dann auch noch von den armen Leuten, die sie so traktierten, erwarteten, dass sie sich Mühe gaben, ihnen zu helfen, was sie jedoch nicht taten.

Einmal hatte ich auf einem Flug mit British Airways ein erstaunliches Erlebnis. Ich hatte ein ganz billiges Economy-Class-Ticket von Denver nach London, und beim Check-in wurde mir eröffnet, dass ich ein Upgrade für die Business Class bekäme und deshalb in der VIP-Lounge auf den Aufruf des Fluges warten dürfe. Ich war total begeistert und hüpfte regelrecht in die Lounge. Die Empfangsdame bemerkte meine ausgelassene Stimmung und fragte mich, warum ich so fröhlich sei.

„Ich freue mich, weil ich heute ein Upgrade bekommen habe. Das ist großartig!"

„Wie schön", lächelte sie und sagte dann etwas, das mich überraschte. „Oft benehmen sich Leute, die ein Upgrade bekommen haben, plötzlich aggressiv und fordernd, sobald sie in die Lounge kommen. Obwohl sie für ihr Upgrade nichts bezahlt haben, stellen sie Ansprüche und kommen sich ungeheuer wichtig und bedeutend vor. Es ist schön zu sehen, wenn mal jemand dankbar ist."

Ich holte mir einen Kaffee und setzte mich. Zwanzig Minuten später kam die Empfangsdame auf mich zu. „Geben Sie mir bitte Ihre Bordkarte, Mr. Lucas. Ich muss Ihnen einen anderen Platz geben."

Meine Gesichtszüge entgleisten, und mir sank das Herz. „Och nö! Werde ich jetzt wieder heruntergestuft?", erkundigte ich mich.

„Nein. Sie bekommen noch ein Upgrade. Erste Klasse. Ich habe gerade einen Anruf aus der Maschine erhalten, dass sie jemanden weiter nach vorne setzen müssen. Da Sie so dankbar waren und so nett zu mir, dachte ich an Sie. Viel Spaß!"

Den hatte ich. Das Erlebnis war so toll, dass ich fast Tränen in den Augen hatte, als die Maschine landete.

Jeff

Jeff, hast du eine peinliche Beerdigungsanekdote?

Eigentlich nicht. Allerdings kenne ich jemanden, dem eine Beerdigung, die ich gehalten habe, furchtbar peinlich gewesen sein muss. Und zwar deswegen, weil er sie eigentlich selbst hätte halten sollen, das aber total vergessen hatte. Ich sage jetzt nicht, von welcher Denomination er kam (das wäre unfair gegenüber all den Heilsarmee-Offizieren in aller Welt). Sagen wir einfach, dass ich einen Anruf vom örtlichen Krematorium bekam und der Direktor am anderen Ende der Leitung hörbar in Panik war.

„Was machen Sie gerade, Jeff?"

Just in diesem Moment hatte ich im Garten gearbeitet, was schon komisch ist, weil das vermutlich die einzige Stunde in meinem Leben war, die ich je mit Gartenarbeit verbracht habe. (Rasenmähen ausgenommen. Das zählt nicht.) Wenn ich irgendwelche lebendigen Dinge anfasse, verwelken sie und gehen ein.

„Können Sie sich wohl schnell Ihren Anzug überziehen und herkommen? Ich habe hier eine Trauergemeinde, einen ungeduldigen Bestattungsunternehmer und einen Sarg mit einem Leichnam, aber keinen, der die Trauerfeier hält. Der eigentlich gebuchte Pastor hat es wohl vergessen, und ich kriege ihn nicht zu fassen. Sie müssen schnell kommen."

Das tat ich dann auch. Es war schon unangenehm, gelinde gesagt, denn ich musste leise an die nächsten Angehörigen in der ersten Reihe der dicht besetzten Kapelle herantreten und sie nach dem Namen des Verstorbenen und ein paar Details zu seinem Leben fragen, bevor ich die obligatorische Trauerrede hielt. Sie waren sichtlich außer sich und wütend, aber dankbar für meine Hilfe.

Ich war froh, das für sie tun zu können.

Und mindestens ebenso froh war ich, dass ich nicht der Bursche war, der diesen überaus wichtigen Termin verschwitzt hatte. Ich kann nur hoffen, dass *er* am nächsten Tag noch die Sonne aufgehen sah.

Adrian

Adrian, würdest du für siebzig Pfund einen Abend in unserer Gemeinde veranstalten?

Möglich. Vielleicht sogar für umsonst. Könnte aber auch sein, dass ich mir wesentlich mehr erbitte. In den dreißig Jahren, seit ich (zu meiner Verblüffung) zum ersten Mal echtes Geld dafür bezahlt bekam, mich hinzustellen und den Leuten etwas zu erzählen, ist es mir noch nie leichtgefallen, über Honorare und dergleichen zu reden. Ich vermute, dass ich in der ersten Zeit das eine oder andere Mal übers Ohr gehauen wurde, vor allem, weil ich selbst kaum glauben konnte, dass ich den Leuten tatsächlich etwas zu bieten hätte.

Allerdings erinnere ich mich auch, dass ich mir selbst ein paar Mal ins Knie geschossen habe.

Anfang der 1990er Jahre zum Beispiel bekam ich eines Morgens einen Anruf und wurde gefragt, ob ich bereit wäre und Zeit hätte, bei einer Veranstaltung zur Feier der Einweihung eines neuen Kirchenanbaus zu sprechen. Ein rascher Blick auf unseren Wandkalender zeigte mir, dass das Datum gut passte. Nur noch eine Frage war zu klären. Der Dialog entspann sich etwa folgendermaßen:

ER: Nur noch eine Frage, Adrian. Können Sie uns ungefähr sagen, wie viel Sie uns für die Veranstaltung berechnen werden?

ICH: (mich windend vor Verlegenheit und überlegend, ob ich nicht eher *denen* etwas dafür bezahlen sollte, dass sie so freundlich waren, mich einzuladen) Äh, schauen wir mal – fünfundsiebzig Pfund wären mir recht, danke.

ER: (offensichtlich sehr überrascht) Fünfundsiebzig Pfund!

ICH: (unglücklich, weil ich offensichtlich viel zu viel verlangte)
Ach, wissen Sie, eigentlich sind fünfzig Pfund auch schon
mehr als genug ...

ER: Ich bin nur ein bisschen verdattert. Der Letzte, den ich gefragt habe, wollte fünfzehnhundert Pfund. Nein, fünfundsiebzig Pfund sind mir sehr recht.

Jede Wette – und wer könnte es ihm verdenken? Aber ich war ein
bisschen sauer auf mich selbst. Wir schwammen damals nicht gerade im Geld, und der habgierige kleine Kobold in meinem Kopf
hielt mir ständig vor, dass der Mann am Telefon, wäre ich so verrückt gewesen, die astronomische Summe von tausend Pfund zu
verlangen, vielleicht gesagt hätte: „Menschenskind, ja, das hört
sich sehr vernünftig an. Herzlichen Dank."

Zufällig weiß ich aber, dass er wohl nicht so reagiert hätte,
denn später erfuhr ich, dass sein erster Anruf Roy Castle gegolten
hatte, einem damals sehr bekannten säkularen Entertainer, der
bei christlichen Veranstaltungen sehr gefragt war. Kurz vor seinem frühen Tod begegnete ich Roy bei einer Benefiz-Veranstal-
tung im Londoner Palladium. Er war die Hauptattraktion, und
ich spielte nur eine ganz geringe Rolle, aber es war toll, einen
so hervorragenden Botschafter des Glaubens kennenzulernen,
wenn auch nur kurz. Falls ihr euch fragt – ich hielt es nicht für
nötig, ihm gegenüber zu erwähnen, dass ich als sein Ersatzmann
ein Honorar von fünfundsiebzig Pfund bekommen hatte.

Manchmal sind die Leute erstaunlich großzügig. Damals in
der ersten Zeit sprachen Bridget und ich einmal in einer Gemeinde an der südenglischen Küste, wo der Pfarrer kurz vor der
Pensionierung stand und eine Veranstaltung machen wollte, bei
der seine Gemeinde und andere Christen aus der Gegend sich

einfach eine schöne Zeit machen konnten. Seine Kirche war nicht besonders groß, aber an diesem Abend drängten sich dreihundert Leute auf den Bänken und den dazugestellten Stühlen, die sich alle auf jede Menge Gelächter und vielleicht auch ein paar Tränen freuten. Es war einer dieser Abende, die in meiner Erinnerung geradezu leuchten mit ihrer freundlichen Atmosphäre und dem herrlichen Geschenk unerwarteter Gemeinschaft. Der Himmel würde sich schon mächtig ins Zeug legen müssen, um dabei mithalten zu können.

Hinterher saßen wir noch mit dem Pfarrer und seiner Frau zusammen. Es waren liebenswerte Leute, die eine weise Schlichtheit und, so vermuteten wir, unermessliche Schätze im Himmel besaßen.

„Wir wussten nicht so recht, wie wir das Finanzielle regeln", sagte der Pastor, „aber wir haben drei Pfund Eintritt genommen, damit es nicht zu teuer wird, und es sind dreihundert Karten verkauft worden. Wir haben uns gedacht, am besten geben wir euch das ganze Geld."

Damit beugte er sich über den Tisch und drückte mir neunhundert Pfund in Scheinen in die Hand. Bridget und ich saßen da und starrten mit großen Augen auf den dicken Stapel knisternder Scheine. So etwas hatten wir noch nie gesehen, geschweige denn schon einmal so viel Geld auf einmal in der Hand gehabt. Es war ein wohltuender Schock, und am liebsten wären wir in Tränen ausgebrochen. So rein und schlicht. Ich weiß nicht mehr, was für eine finanzielle Krise dadurch abgewendet wurde, aber irgendeine muss es gegeben haben. Das war bei uns damals immer so.

Was rede ich da? Das ist bei uns immer so.

Ein Gegenbeispiel war ein Erlebnis, wo nach der Veranstaltung – einer Prozession im Freien, gefolgt von einer Ansprache – ein außerordentlich beleibter junger Mann mit einem außerordentlich kleinen Notizbuch und einem winzigen Stift in der Hand auf mich zukam.

„Ich soll Sie nach Ihren Auslagen fragen", erklärte er mir mit barscher, monotoner Stimme.

„Ach ja", erwiderte ich, „möchten Sie, dass ich dabei so etwas wie ein Honorar mit einbeziehe, oder ..."

„Ich soll Sie nach Ihren Auslagen fragen!"

„Ja, ich wollte nur wissen ..."

„Ihre Ausgaben!"

Ich war ein Schwächling. Unglücklich murmelte ich irgendetwas vor mich hin und sah zu, wie der umfangreiche junge Mann gereizt durch die Nase schnaufte, sich etwas in seinem liliputanischen Büchlein notierte und sich ohne weitere Frage oder Bemerkung wieder verkrümelte. Ein Honorar haben wir für diese Veranstaltung nie bekommen. Nur gut, dass ich Christ bin, denn selbst so würde ich am liebsten diesen jungen Mann ausfindig machen und ihm einen ordentlichen Tritt in die rechte Kniekehle verpassen, wenn er am wenigsten damit rechnet.

Übrigens, wo wir gerade dabei sind: Bisweilen wird am Wahrheitsgehalt einer Geschichte gezweifelt, die ich schon oft erzählt habe. Sie handelt von einem Kassierer, der nach einer Veranstaltung an den Redner herantrat und sagte: „Wir möchten gern im Benzin Gemeinschaft haben." Worauf der Redner angeblich antwortete: „Wir können uns auch im Bepanthen wälzen. Hauptsache, ich kriege meine Spesen erstattet." Kann schon sein, dass die Geschichte apokryph ist. Wahrscheinlich haben die Katholiken sie uns untergejubelt.

Also ehrlich!

Ich staune selbst, wie viele Erinnerungen plötzlich auftauchen, sobald ich ein wenig über dieses Thema nachdenke. Wie wäre es zum Beispiel mit der folgenden: Eine Frau schrieb mir einen liebenswürdigen, begeisterten Brief (damals, als die Leute noch solche altmodischen, volkstümlichen Dinge taten) und fragte, ob Bridget und ich Interesse hätten, in ihrer Kirche zu sprechen, einer anglikanischen Gemeinde irgendwo draußen auf dem Land. Ob wir denn kommen, und wie viel wir dafür nehmen würden, denn sie müsse noch die Zustimmung ihres Kirchenvorstands für das Vorhaben einholen. Ein paar Tage später rief sie an und erklärte uns mit niedergeschlagener Stimme, der Kirchenvorstand habe sich gegen ihre Pläne ausgesprochen, weil man nicht für ein Honorar geradestehen wolle, das zu hoch sei, um durch eine solche Veranstaltung gedeckt werden zu können.

Sie hörte sich furchtbar traurig und enttäuscht an. Ich wurde auf der Stelle weich wie ein reifer Camembert. „Ach, vergessen Sie den Kirchenvorstand", sagten wir. „Wir kommen umsonst." (Das ist die höfliche Version.) „Organisieren Sie alles, und wir werden da sein."

Diese Kirche befand sich wirklich mitten in der Pampa. Der Fairness gegenüber dem Kirchenvorstand halber sei gesagt, dass wirklich kaum damit zu rechnen war, dass viele Leute kommen würden, um diesen zwei unbekannten Gestalten zuzuhören, die dort neunzig Minuten lang irgendetwas erzählen würden, mit einer Erfrischungspause zwischendurch. Wahrscheinlich war es schon schwierig genug, wenigstens ein paar Hansel für eine Stunde am Sonntagmorgen in die Kirche zu kriegen, geschweige denn an einem Donnerstagabend, wo die Leute viel lieber gemütlich zu Hause sitzen und sich den Fernsehkrimi anschauen.

Diese Kirche war gerammelt voll, gestopft bis zum Bersten. Keine Ahnung, wo die Leute alle herkamen, aber ich glaube nicht, dass Bridget und ich schon jemals weniger Platz hatten, um uns nebeneinander vor die Leute hinzustellen. Nicht, dass uns das etwas ausgemacht hätte. Es war großartig. Wir haben es gern, den Leuten, zu denen wir sprechen, so nahe wie möglich zu sein, und an diesem Abend würden ein paar Glückliche, die einen Platz in der ersten Reihe gefunden hatten, mir geradewegs von unten in die Nase schauen können – falls sie so verschroben wären, das zu wollen, meine ich.

Und das Sahnehäubchen war eine unverhoffte Kollekte, die an diesem Abend in der Kirche für uns eingesammelt wurde und bei der erheblich mehr zusammenkam als der Betrag, um den wir ursprünglich gebeten hatten.

Das Leben kann manchmal knifflig sein, wie wir alle wissen, aber hin und wieder wird uns ein Moment geschenkt, der unbeschreiblich lieblich ist. Können Sie sich auch nur ansatzweise vorstellen, was für ein befriedigender Ausgang das für die gute Frau war, die uns eingeladen hatte?

Im Allgemeinen haben wir in den letzten drei Jahrzehnten eine herzerwärmende Großzügigkeit erlebt, sodass wir den wenigen knauserigen Armleuchtern, denen unsere Zeltmacherei keinen Lohn wert war, bereitwillig vergeben können.

Zum Schluss sollte noch der Pastor besondere Erwähnung finden, der einem Freund, nachdem dieser auf einer Gemeindeversammlung gesprochen hatte, einen vielversprechenden weißen Umschlag überreichte. Hinterher im Auto machte mein Freund den Umschlag auf und fand darin ein einzelnes Blatt Papier, auf dem die folgenden erbaulichen Worte prangten: „Geben ist seliger als Nehmen."

Jeff

Kommt es bei deinen Veranstaltungen in verschiedenen Ländern vor, dass der Humor zwischen den Kulturen auf der Strecke bleibt?

Sogar sehr oft, ja. Total.

Ich habe darüber schon in einem der *Anekdoten*-Bücher geschrieben, aber es lohnt sich in diesem Kontext noch einmal zu wiederholen ... Ich hatte einmal die Gelegenheit, vier Tage lang eine Gruppe von tamilischen Flüchtlingen aus Sri Lanka, die den größten Teil einer Gemeinde in Paris ausmachten, aus der Bibel zu unterrichten. Diese wunderbaren Leute hatten sich Urlaub genommen – viele von ihnen verdienten ohnehin nicht viel, sodass sie einen hohen persönlichen Preis dafür zahlten – um mir zuzuhören, wie ich ihnen etwas über die Bibel erzählte. Da nur wenige Englisch sprachen, arbeitete ich mit einer Dolmetscherin. Tamilisch ist übrigens eine dieser Sprachen, in denen es ungefähr fünf Minuten dauert, das englische Wort „Hallo" zu übersetzen.

Jedenfalls versuchte ich, die langen Tage mit ein paar lustigen Geschichten aufzulockern, und zu meiner Freude schien das sehr gut bei ihnen anzukommen, denn sie lachten immer laut und genau aufs Stichwort. Wie sich dann herausstellte, taten sie es tatsächlich aufs Stichwort. Buchstäblich.

Als die Tagung ungefähr zur Hälfte um war, wandte ich mich mitten in einem der Vorträge an die Dolmetscherin und sagte ihr, wie sehr es mich freute, dass mein Humor so gut verstanden wurde. Ihre Antwort war niederschmetternd: „Sie verstehen kein Wort von deinem Humor, Jeff. Wenn du eine von deinen kleinen

Geschichten erzählst, sage ich bloß immer zu ihnen: ‚Lacht doch bitte mal, Jeff war gerade wieder witzig.‘"

Und sie lachten: laut und mit Begeisterung. Auf Bestellung. Aus purer Freundlichkeit. Ich hörte auf, meine kleinen „witzigen" Geschichten zu erzählen.

Und dann war da dieser Internationale Jugendkongress der Heilsarmee in Prag, auf dem ich sprach. Die riesige Halle sah aus wie der Versammlungssaal der Vereinten Nationen, übersät mit kleinen Dolmetscherkabinen, um die sich die Sitzplätze der jeweiligen Nationalitäten scharten.

Ich versuchte, eine meiner Geschichten an den Mann zu bringen.

Zuerst lachten die Briten, die natürlich keine Übersetzung brauchten. Dreißig Sekunden später folgten die Franzosen. Und dann die Holländer.

Aber meine allerneueste humoristische Bruchlandung ist erst ein paar Tage her, während ich dies schreibe. Ich predigte in Malaysia. Asiaten haben allgemein große Hochachtung vor den führenden Leuten in ihrer Kultur, und die Gemeinde, in der ich dort predigte, behandelte die Mitglieder der Leitung mit einem unglaublichen Respekt. Das hätte ich beachten sollen, bevor ich anfing, ihnen von einem Pastor zu erzählen, der in voller Montur in ein Taufbecken für Erwachsene fiel. Überall auf der Welt, wo ich diese Geschichte erzählt habe, haben die Leute darüber gelacht. Doch als ich diesmal an die Stelle kam, wo der bedauernswerte Geistliche ins kühle Nass stürzte, riss die ganze Versammlung erschrocken die Münder auf. Was für ein schreckliches Unglück, ein Pastor ist ins Becken gefallen. War dem armen Pastor etwas passiert? War er ernsthaft verletzt? Einen Augenblick lang glaubte ich schon, sie würden gleich eine Gebetsgemeinschaft für den unbekannten durchnässten Gemeindehirten starten. Sie machten sich nicht nur Sorgen um sein Wohlergehen, sondern es wäre ihnen auch nie in den Sinn gekommen, über sein Missgeschick zu lachen. Die Geschichte ging genauso sang- und klanglos unter wie der Pastor. Für die Leute dort hatte dieser Beckensturz auch nicht im Entferntesten etwas Amüsantes.

Wenn ich so darüber nachdenke, hatten meine malaysischen Freunde ja vielleicht recht. Vielleicht war es einfach nicht witzig.

Jeff

Wurdest du schon einmal für eine Vortragsreihe gebucht und mittendrin wieder ausgeladen, weil die Leute sich über das, was du sagtest, aufgeregt haben?

Ja. Das war schrecklich.

Bevor ich euch diese spezielle Geschichte erzähle, sollte ich erwähnen, dass es eine oder zwei Gemeinden gibt, die mir unmissverständlich klargemacht haben, dass ich mich bei ihnen nie wieder blicken lassen soll. Einmal hielt ich eine Predigtreihe in einer Gemeinde in den USA, ohne zu ahnen, dass sie dort gerade einen schweren Konflikt mit ihrem Pastor auszufechten hatten. Während der vier Tage, die ich bei ihnen war, fanden jeden Abend Notsitzungen der Diakone statt, und allem Anschein nach war das eine schmerzhafte Zeit für alle. Der Pastor aber beschloss, mir nichts von alledem zu sagen. So tauchte ich also jeden Abend im Gottesdienst auf, um zu predigen, und während meiner Predigt kam ich ganz zufällig auf eines der Themen zu sprechen, um die es am Abend zuvor in der hitzigen Diakonensitzung gegangen war. So ging das viermal hintereinander. Die Diakone waren schließlich vollkommen überzeugt, dass der Pastor mir gegenüber durchblicken ließ, um welche Themen gestritten wurde, und dass er mich extra eingeladen hatte, damit ich seine Partei ergriff und ihm Schützenhilfe leistete. Also waren sie stinksauer auf mich und machten mir deutlich, dass ich in ihrer Gemeinde nie wieder willkommen sein würde. Ich kann es ihnen nicht verdenken, denn wenn ich tatsächlich ein Strohmann des Pastors gewesen wäre, wäre das schrecklich gewesen.

Ich versuchte, sie davon zu überzeugen, dass die Aussagen aus meinen Predigten vielleicht weder durch Tipps des Pastors noch durch Zufall bedingt waren, sondern durch das Wirken des Heiligen Geistes – dass diese Themen vielleicht deshalb zur Sprache kamen, weil Gott wollte, dass sie zur Sprache kamen. Aber es nützte alles nichts. Schade, wenn wir behaupten, wir glauben an einen Gott, der eingreift, aber es dann nicht glauben wollen, dass er am Werk ist, wenn er eingreift. Ich wurde dort nie wieder eingeladen.

Aber das war ein Kinkerlitzchen im Vergleich zu dem, was mir in Palermo auf Sizilien passiert ist. Ich nahm dort an einem Protestmarsch gegen die Mafia teil. Zwei Richter waren ermordet worden, und die Evangelikalen Siziliens beschlossen, ihrer Empörung über die Mafiaherrschaft in ihrem Land Ausdruck zu verleihen. Ich hatte das Vorrecht, eine kurze Ansprache vor der versammelten Kundgebung auf der Piazza in Palermo zu halten, und sollte dann am nächsten Morgen in einer Pfingstgemeinde predigen. Zu meinem Entsetzen stellte ich dort fest, dass die Frauen getrennt von den Männern sitzen und lange Tücher tragen mussten, die ihre Haare und Schultern bedeckten.

Nach dem Gottesdienst war ich zusammen mit einigen Mitarbeitern der Gemeinde im Haus des Pastors zum Mittagessen eingeladen. Dieser Pastor verstand sich sehr gut darauf, seinen eigenen, ausgesprochen köstlichen Wein herzustellen, und ich darf wohl sagen, dass davon eine erkleckliche Menge durch die Kehlen der Versammelten ging. Das Gespräch war knifflig, nicht nur, weil es über einen Dolmetscher lief, sondern auch, weil es am Tisch, je mehr Wein floss, immer lauter wurde. Dann kam es zu dem folgenden ungeschickten Wortwechsel zwischen dem Hauptpastor der Gemeinde und mir.

PASTOR: Nun, Bruder Jeff, sagen Sie – wie denken Sie darüber, dass wir von unseren Frauen verlangen, ihre Köpfe zu verschleiern?

ICH: *(in Gedanken vollauf damit beschäftigt, mir zu überlegen, wie ich die frittierte Seeschlange herunterbekommen sollte, die wenig verlockend auf meinem Teller lag)* Wenn es Ihnen recht ist, Pastor, möchte ich darauf im Moment lieber nicht eingehen. (Okay, vielleicht war ich ein Feigling, aber ich redete mir ein, ich wolle ja nur Rücksicht auf die fremde Kultur nehmen – und nicht schon gleich zu Anfang meines Besuchs in eine theologische Auseinandersetzung geraten.)

PASTOR: Ich wüsste aber wirklich gern Ihre Ansicht. Bitte sagen Sie es mir.

ICH: *(überrascht, sowohl vom Geschmack der frittierten Seeschlange – noch unangenehmer als erwartet – als auch von der Hartnäckigkeit meines wissbegierigen Gastgebers)* Ich möchte dazu wirklich nichts sagen.

PASTOR: *(mit einem so heftigen Schlag mit der flachen Hand auf den Tisch, dass seine Assistenten zusammenzuckten)* SAGEN SIE MIR AUF DER STELLE, WAS SIE DENKEN! WIE DENKEN SIE ÜBER DIE VERSCHLEIERUNG?

ICH: *(ängstlich auf das neben seinem Teller liegende Messer schauend und hoffend, dass es dort bleiben würde)* Nun, wenn Sie schon danach fragen, Sir, es gefällt mir überhaupt nicht. Ich finde es sexistisch und tyrannisch, und es entspringt meiner Meinung nach einer fehlerhaften Schriftauslegung. Ich möchte es nicht am Respekt gegenüber der hiesigen Kultur fehlen lassen, aber ...

PASTOR: *(explodiert und gibt einen lauten, heftigen Wortschwall von sich, von dem ich dankenswerterweise keine Silbe verstehe, da er auf Italienisch ist)* ...

Der Dolmetscher blickte angesichts des pastoralen Wutausbruchs verlegen unter sich. Ich lief puterrot an. Im Raum wurde es totenstill.

Ich manövrierte mich ohne weiteren Wortwechsel durch den Rest der Mahlzeit, verabschiedete mich schließlich leise und ging in mein Zimmer, um mich auszuruhen. Zwei Stunden später kam ich zurück in die Küche, wo ich einen anderen Pastor treffen sollte, der gekommen war, um mich abzuholen. Ich sollte am Abend in seiner Gemeinde sprechen. Er erwartete mich.

NEUER PASTOR: Hallo, Jeff. Sie können ruhig wieder auf Ihr Zimmer gehen. Sie brauchen heute Abend nicht in unserer Gemeinde zu predigen.

ICH: *(verwirrt die Möglichkeit erwägend, dass das alles vielleicht ein böser Traum sei)* Wirklich? Warum denn nicht?

NEUER PASTOR: Wir haben von Ihren Ansichten über die Verschleierung gehört. Sie werden nicht benötigt.

Und damit machte er kehrt und ging. Ich kehrte zurück in mein Zimmer und wurde am nächsten Tag zum Flughafen gebracht. Die Fahrt dorthin verlief in angespanntem Schweigen.

Ich mag keinen Sexismus, keine Schleier und keine herumbrüllenden Gemeindeleiter. Und wenn ich ehrlich bin, mag ich auch keine frittierten Seeschlangen.

Jeff

Was ist das Peinlichste, das dir je passiert ist?

Ich könnte ein ganzes Buch damit füllen, diese Frage zu beantworten, denn in meinem Leben gab es eine Fülle peinlicher Zwischenfälle.

Zum Beispiel, als ich mein Auto auf einem vollen Flughafenparkplatz abstellte und dann vergaß, wo ich es gelassen hatte. Da durfte ich mir ein paar tausend Autos anschauen.

Oder als bei einer christlichen Konferenz meine Tür aufging und ein Zimmermädchen den Kopf hereinsteckte. Sie wünschte mir fröhlich einen guten Morgen und schaute mir genau in die Augen – für diesen fixierenden Blick war ich sehr dankbar, denn ich war splitterfasernackt.

Oder als ich ein paar Bemerkungen über einen ausgesprochen langweiligen Mann fallen ließ, der in einer Gemeinde, in die ich ging, immer die Bekanntmachungen ansagte. Beim Abendessen mit ein paar neuen Freunden verkündete ich, dieser Mann sei einfach nur sterbenslangweilig. Schließlich konnten sie ihn ja nicht kennen, zumal diese Gemeinde Hunderte von Meilen entfernt war und auch noch zu einer ganz anderen Denomination gehörte. Die Gastgeberin des Abends lächelte liebenswürdig und vollbrachte eine Meisterleistung der Selbstbeherrschung. Der unsäglich langweilige Mann war ihr Vater.

Oder als ich einmal um drei Uhr morgens mitten in einem Wohngebiet die Alarmanlage meines Autos auslöste und zusehen musste, wie in einem Dutzend Häusern die Lichter angingen. Und mir vorstellte, wie all diese netten Leute jetzt fluchend aus dem Schlaf hochfuhren. Und mich vor dem Polizisten versteckte, der gerufen wurde, um dem Lärm nachzugehen, weil ich zehn Minuten brauchte, um dahinterzukommen, wie ich das Ding wieder abstellen konnte. Der Alarm war vermutlich bis zum Jupiter zu hören.

Oder als ich einmal auf dem Rücksitz eines eleganten BMWs mitfuhr, der so raffiniert konstruiert war, dass sich die Autobatterie unter dem Rücksitz befand. Kurz zuvor war eine neue Batterie eingebaut worden, die, wie sich dann herausstellte, nicht die richtige Größe hatte, sodass die beiden Pole zu hoch aufragten. Ich saß hinten, und da der Sitz unter meinem Gewicht ein wenig einsank, kam das Drahtgeflecht an der Unterseite mit den Batteriepolen in Berührung. Ich dachte, es sei Öl, was ich da roch, aber in Wirklichkeit schmorte unter meinem Hintern ein Feuer. Wir fuhren den schicken Wagen rechts heran, sprangen hinaus und sahen zu, wie er in Flammen aufging. Nicht gerade ein großartiger Tag. Es war zwar nicht meine Schuld, aber doch mein Hinterteil, das den Schaden verursacht hatte.

Aber eine der niederschmetterndsten öffentlichen Blamagen habe ich erlebt, als ich in Amerika an einer christlichen Schule sprach. Manche der Schülerinnen und Schüler waren leider gegen den Glauben geimpft, da man ihnen eine beständige Überdosis biblischer Lehre eingetrichtert hatte (es kann nun einmal nur schiefgehen, wenn der Mathelehrer einen auffordert, fünf Brote und zwei Fische zu addieren). In der Kapelle war auf den Gesichtern etlicher Schüler eine gut einstudierte angeödete Miene zu sehen.

Ich beschloss, auf die britische Karte zu setzen. Das funktioniert in Amerika meistens sehr gut.

Aber nicht an diesem Tag.

Es wäre bestimmt lustig, dachte ich mir, erst einmal ein bisschen darüber zu reden, dass wir Briten Wörter anders aussprechen als unsere amerikanischen Vettern.

Dafür hätte ich mir alle möglichen Beispiele aussuchen können, aber aus irgendeinem Grund fiel mir keines ein. Also stellte ich meinen Zuhörern, die inzwischen dabei waren, sich in der neuen Sportart des Synchrongähnens zu üben, eine ziemlich dämliche Frage.

„Wie sagt ihr ,Yo'?", erkundigte ich mich hoffnungsvoll.

Yo war damals in den 1980ern ein cooles Wort. Ich war britisch, hipp und cool. Das würde ihnen gefallen.

Ein verdrießlich dreinblickender, pickeliger Junge in der hintersten Reihe, der die Dummheit dieses britischen Besuchers kaum fassen konnte, sprach mir das Wort ,Yo' nach.

„Yo", sagte er. „Wir sagen das genauso wie Sie."

Dann hielt er triumphierend inne, bis das frostige Schweigen die Temperatur im Saal abkühlen ließ, und wiederholte es noch einmal.

„Yo."

Nach diesem unvergesslichen Einstieg lief es mit dem Rest meines Vortrags erwartungsgemäß nicht besonders gut, außer dass ein Junge in der ersten Reihe, glaube ich, eine Heilung erlebte.

Von der Schlaflosigkeit.

Wo ist meine Orangenkiste?!

Adrian

**Warum werde ich dafür verurteilt,
dass ich einen nichtchristlichen Freund habe,
wo ich ihn doch liebe und er gut zu mir ist?**

Im Zusammenhang mit Fragen wie dieser wird oft eine Bibelstelle aus dem sechsten Kapitel des zweiten Korintherbriefs zitiert: „Zieht nicht unter fremdem Joch mit den Ungläubigen ...“

Dabei fallen mir einige Dinge auf. Erstens sollten Leute, die tatsächlich Urteile über das Verhalten oder den geistlichen Zustand anderer fällen, lieber aufpassen. Wenn ich für mich in Anspruch nehme, nach der Bibel zu leben, darf ich mir nicht die Rosinen herauspicken, die mir gefallen, und die Gebote verwerfen, die mir im Weg sind. Die Ermahnung, andere nicht zu verurteilen, ist erheblich unzweideutiger als die mit dem fremden Joch. Ich denke, es kommt auf die innere Haltung an. Wenn mir ein Mensch wirklich wichtig ist und ich den Eindruck habe, er ist dabei, einen falschen Weg einzuschlagen, dann kann es sein, dass ich ihm meine Sicht der Dinge diskret mitteilen muss, aber wenn ich nur so ein öder alter frommer Rechthaber bin, dem es Spaß macht, anderen den Kopf zu waschen, dann sollte ich mich lieber wieder in meine Höhle verkriechen und da bleiben.

Ja, manche Christen haben ein sehr schlichtes Verständnis von diesem Vers aus dem Korintherbrief. Gläubige sollten sich nie auf eine enge Beziehung oder gar Ehe mit jemandem einlassen, der nicht desselben Glaubens ist. Und wie sooft bei Ansichten, die zunehmend unbeliebter werden, steckt auch in diesem Argument durchaus etwas Sinnvolles. Bridget und ich haben unter unseren engen Bekannten Paare, deren Beziehung schwer beschädigt oder gar zerstört wurde durch die ständige Belastung, unter der die Partner durch ihre weit auseinanderliegende Weltsicht standen. Manche junge Christen, die wir kennen, haben die Entscheidung getroffen, derartige potenzielle Konflikte zu vermeiden, indem sie sich vornehmen, jemanden aus ihrer eigenen Gemeinde oder Konfession zu heiraten. Ich wünsche ihnen aufrichtig alles Gute (besonders den Mädchen, die sicherlich den Vorrat an passenden und verfügbaren christlichen Männern mit wachsendem Entsetzen betrachten, je mehr Zeit vergeht).

Wenn es doch nur immer so einfach wäre. Aber das ist es natürlich nicht. Nehmt zum Beispiel Bridget und mich. Als wir uns damals in den 1970ern in der Bristol Old Vic Theatre School kennenlernten, war ich ein sonderbarer, tollwütiger Evangelikaler, während Bridget ihr früheres Interesse am Glauben verloren hatte, nachdem sie vier Jahre zuvor an die Universität gekommen war und feststellte, dass ein Glaube an Gott sich schwierig begründen ließ und alles andere als cool war. Indessen war meine Motivation, mich um eine Beziehung mit Bridget zu bemühen, alles andere als geistlich. Aber Gott, dieser Opportunist, der er offensichtlich ist, nutzte diese Situation irgendwie, um sie zum Glauben zu bringen und eine Beziehung entstehen zu lassen, die nach vierundvierzig Jahren immer noch stark ist. Zogen wir am fremden Joch? Nun, die Grenzen sind vielleicht nicht so klar definiert, wie manche es darstellen, aber jedenfalls hätte ich mich damals als einen Christen bezeichnet, während ich ziemlich sicher bin, dass sie das nicht getan hätte. Spielte das eine Rolle? Soweit wir sehen können, nicht. Das Joch kneift zwar manchmal etwas, aber es hält uns immer noch so stark zusammen wie eh und je.

Während ich dies schreibe, fallen mir zwei gute Freunde von uns ein. Sie sind noch länger verheiratet als wir, und ich weiß noch, wie sie einmal sagten, dass ihre ganze Umgebung mit Entsetzen auf ihre Verlobungsanzeige reagiert habe. Dabei war es in diesem Fall nicht so, dass eine gläubige Person sich mit einer ungläubigen ins selbe Joch spannen ließ. Es war noch viel katastrophaler. Neben dieser Verbindung nahm sich Harmagedon aus wie ein Kinderspiel. Ein Mann aus einer Brüdergemeinde, der eine Methodistin heiraten wollte? Die beiden kamen ja nicht nur aus *verschiedenen Gemeinden*, sondern sogar aus *verschiedenen Denominationen der Christenheit*!

Offenbar waren die Mitglieder dieser beiden Gemeinden ziemlich sicher, dass sie als Einzige in den Himmel kommen würden, und absolut sicher, dass die anderen auf dem Weg zu dem anderen Ort seien oder vielleicht zu einem alternativen Paradies für ihre Denomination. Ich erzähle hier keine Märchen.

Das waren Gemeinden im zwanzigsten Jahrhundert, meine Güte! Wie um alles in der Welt haben wir es geschafft, so beständig und ohne jeden Zwang in so herrliche dampfende Haufen Blödsinn hineinzutreten? Vergib uns, Herr, dass wir manchmal solche Idioten sind.

Ich habe noch eine andere Erinnerung, und zwar eine, die fest auf einem Sockel montiert ist, von wo sie auf einem wahren Prachthengst aus meinem Steckenpferdestall herabgeritten kommt (ihr braucht nicht zu schnuppern – man nennt das eine Metapher).

Es passierte vor über dreißig Jahren, und ich habe damals schon darüber geschrieben – aber ich hoffe, es ist es wert, in diesem Zusammenhang wiederholt zu werden. Ein Freund von mir, der damals noch kein Christ war, fragte mich, ob ich bei der Trauerfeier zur Einäscherung seines Vaters sprechen wolle. Ich mochte Ian sehr gern und war gern bereit, ihm zu helfen, soweit ich konnte. Also fuhr ich am Abend vor der Trauerfeier nach Brighton, um von Ian und seiner Mutter so viel wie möglich über diesen Menschen zu erfahren, den sie beide so sehr geliebt hatten. Dabei fand ich vier wesentliche Dinge über Frank heraus.

Erstens war durch ihn erstmals echte Liebe ins Leben seiner Frau gekommen. Sie war sehr religiös erzogen worden. Jede Menge Rituale. Viele, viele Versammlungen. Kein Gottesdienst wurde ausgelassen. Und inmitten all dieser Formalitäten war kaum eine Spur von Zärtlichkeit und Liebe zu finden. Irgendwie hatte ihr Glaube überlebt, aber ihr Herz war ausgehungert.

Dann hatte sie als junge Erwachsene Frank kennengelernt, und alles hatte sich verändert. Er war der erste Mensch, der ihr echte Zuneigung und Wärme bot. Sie verliebten sich ineinander und heirateten.

Die zweite Eigenschaft von Frank, die mir an diesem Abend bewusst wurde, war, dass er gut mit Menschen umgehen konnte. Sowohl in der Nachbarschaft als auch an seinem Arbeitsplatz hatte man ihn als einen Mann gekannt, der sich darauf verstand, bei der Schlichtung von Auseinandersetzungen und Streitigkeiten zu helfen.

Drittens war er ein geschickter Schreiner.

Es war die vierte Einsicht, die ich über Ians Vater gewann, die mir Kopfzerbrechen bereitete. Offenbar war Frank zu Lebzeiten sicherlich kein Christ gewesen und wäre vermutlich über jeden Versuch, „ihm dieses Etikett nach seinem Tod anzuhängen", wie seine Frau es ausdrückte, empört gewesen. Und wer konnte ihm das übel nehmen?

In dieser Nacht schlief ich nicht besonders. Der nächste

Morgen raste auf mich zu wie ein führerloser Schnellzug, und ich war einer Antwort auf die Frage, die mich umtrieb, immer noch nicht näher gekommen. Was konnte ich am Ende meiner Ansprache sagen, ohne Franks nicht vorhandenen Glauben oder meine eigene Überzeugung, dass Jesus irgendwie mit ins Spiel kommen musste, zu verraten? Während ich mich in dieser Nacht im Bett herumwälzte, wurde mir erschütternd klar, wie verarmt die christliche Kommunikation und Sprache oft war. Noch während ich Gott um Einfälle anflehte, schlief ich irgendwann ein.

Manchmal denke ich, dass die Nachtschicht in meinem Gehirn härter und besser arbeitet als die faule Bande am Tag. Als ich am Morgen aufwachte, wusste ich genau, wie ich meine Ansprache abschließen würde. Mir kam es damals so vor, als wäre die Antwort auf einer Art geistigem Fernschreiberband aufgedruckt. Ich musste sie nur noch auf den Zettel neben meinem Bett abschreiben und mir dann einprägen.

Am Vormittag kam dann der Zeitpunkt für meine Ansprache im Krematorium. Eine Zeitlang sprach ich darüber, wie sehr Franks Familie ihn geliebt hatte, dass Ian, der inzwischen in den Dreißigern war, immer noch lieber mit seinem Vater angeln gehen würde als mit irgendjemandem sonst, und wie sehr all seine Freunde ihn vermissen würden. Stimmte alles. Ich musste nichts übertreiben oder erfinden. Schließlich legte ich meine Notizen hin und schaute Ian und seine Mutter direkt an, während ich weitersprach.

„Ich kann nicht mit Sicherheit sagen, wie Frank über Jesus dachte", sagte ich, „aber eines weiß ich genau: Sie dürften sich inzwischen begegnet sein. Und ich vermute, Jesus hat ihm direkt in die Augen geschaut und lächelnd gesagt: ‚Frank, du hast Liebe in die lieblose Welt eines anderen Menschen gebracht, du warst ein

Friedensstifter, und du warst ein Schreiner. Ich finde, wir haben eine Menge, worüber wir uns unterhalten können.'"

Zogen Frank und seine Frau am fremden Joch? Ja, Dank sei dem Herrn. Er war für sie ein Geschenk Gottes ohne Unterschrift. All die Liebe, die ihr durch diese grässliche Kindheit und eine gottlose Gemeindesituation vorenthalten geblieben war, kam durch ihn in ihr Leben.

Worauf kommt es bei diesen Dingen wirklich an? Außer dir selbst kann nur Gott wissen, wie es in deinem Herzen aussieht. Sei ehrlich zu dir selbst und zu ihm. Lass dich von der Bibel leiten und beraten. Dafür ist sie da. Aber was immer du tust oder lässt, vergiss niemals – Gott tut, was er will.

Das ist also mein Steckenpferd, das so groß ist wie ein Paradehengst. Und ihr könnt sagen, was ihr wollt, an dieser Metapher gibt es nichts auszusetzen!

Jeff

Benny Hinn – oder Gin?

Ich will mich hier nicht über bestimmte Persönlichkeiten wie Mr. Hinn auslassen. Wenn ihm seine Haare so gefallen, ist das seine Sache. Wer bin ich mit meinem „Erschrockenes-Adlerküken"-Haarschnitt, dass ich darüber richten könnte? Und irgendwann in den nächsten tausend Jahren werden weiße Anzüge bestimmt wieder trendy; soll er also ruhig bei seinem Kleidungsstil bleiben.

Aber ich brauche dringend einen Schnaps, wenn ich mir manche Fernsehevangelisten anschaue, besonders die Sorte, die den

Gedanken verbreitet, indem man ihnen sein Geld gäbe, bekäme man dafür garantiert die Heilung/den Durchbruch/die Befreiung von der Sucht.

Wäre es doch nur so! Mir fallen so einige Situationen ein, bei denen ich dann auf jeden Fall meine Kreditkarte zücken und bis zum Limit ausschöpfen würde.

Was wäre es mir wert, wenn mein Freund Anthony vom Krebs geheilt würde, wenn meine alte Mama mich wieder mit klarem Blick anschauen könnte, weil der Goliath ihrer Demenz gezähmt wäre, oder wenn das hochaufgelöste Grauen der IS-Hinrichtungen ein Ende hätte?

Könnten die Gebete irgendwelcher christlicher Fernsehpromis tatsächlich solche Ergebnisse herbeiführen, dann würde es sich lohnen, eine landesweite Spendenaktion zu organisieren, um das zu finanzieren.

Aber so läuft das nicht. Du weißt das, ich weiß das, und ich vermute, die wissen das auch.

Außerdem trinkt man Gin meistens mit Tonic.

Und ein Tonikum sind diese geldgeilen Glaubenshausierer nun nicht gerade.

Darf man als Christ über unflätige Witze lachen?

Wahrscheinlich nicht, aber manchmal kann man einfach nicht an sich halten. So peinlich das ist.

Es ist ja nicht so, als wäre Leuten, die Jesus nachfolgen, die

Fähigkeit, das Lustige am schlüpfrigen Humor wahrzunehmen, operativ entfernt worden. Das kann einen in Gesellschaft schon mal in große Verlegenheit bringen, besonders im Beisein von Christen, die sich die Humordrüsen haben gefriertrocknen lassen oder denen die Lachmuskeln atrophiert sind.

Vielleicht kennst du das. Du bist mit Leuten zusammen, die du nicht besonders gut kennst, und verhältst dich dementsprechend erst einmal vorsichtig und zurückhaltend, da du ja keine Ahnung hast, wo bei ihnen die Schmerzgrenze für Witze liegt. Wenn man die nicht kennt, kann es leicht passieren, dass man geradewegs darüber hinwegtrampelt. Irgendjemand erzählt einen zum Brüllen komischen, aber leicht anrüchigen Witz, und du versuchst verzweifelt, *nicht* zu lachen, weil du die Gruppe nicht kennst oder weil der Witz oder die Geschichte dir selbst eigentlich zu weit geht und du den Erzähler nicht auch noch dafür belohnen willst, aber dann, na ja, kannst du einfach nicht anders. Du spürst, wie sich die Welle des Gelächters in deinem Innern auftürmt, und versuchst verzweifelt, das Aufbrodeln der Heiterkeit zu zügeln, aber es gelingt dir nicht. Deine Mundwinkel ziehen sich breit, ein gedämpftes Kichern bricht sich Bahn und schwillt zu einem gedämpften Prusten. Dann gibst du es schließlich auf und brichst in lautes, wieherndes Gelächter aus, klopfst dir auf die Schenkel und schaust die anderen in der Gruppe an, deren eisiges Schweigen und gemeißelte Mienen ihr bodenloses Entsetzen verraten. Sie sind sichtlich empört, nicht nur über die Geschichte, die sie nicht im Mindesten witzig finden, sondern auch über *dich*, der du aus der Reihe tanzt und dich vor Lachen ausschüttest. Daraufhin versuchst du, deine Heiterkeit zu verbergen und dich in ein lautes Husten zu flüchten oder deine bebenden Schultern als Symptom irgendeines seltsamen Krankheitsbildes zu tarnen.

Noch schlimmer ist es, wenn du selbst derjenige bist, der den

Witz oder die „lustige" Geschichte erzählt, die, obwohl du sie eigentlich ganz harmlos findest, blankes Entsetzen auslöst, wenn du die Pointe vorträgst. Das ist mir einmal passiert, und es brachte mich in eine Schamzone, die ich lieber kein zweites Mal betreten möchte. Eigentlich ist Adrian schuld, denn es handelte sich um eine von seinen Geschichten. Mich bringt sie immer noch zum Lächeln, wann immer ich daran denke. Aber die Leute, denen ich sie erzählte, verzogen keine Miene. Sie waren aufs Peinlichste berührt, ebenso wie ich bald darauf von dem entsetzten, tiefen Schweigen, das sich plötzlich zwischen uns breitmachte.

Natürlich sollten wir ein wenig darüber nachdenken, was wir eigentlich unter „unflätig" verstehen. Manche Christen flippen aus, sobald von Sex die Rede ist, ob nun in einem ernsthaften Zusammenhang oder auf humorvolle Weise. Dabei geht die Bibel viel bodenständiger und unverblümter mit Sex um, als die meisten von uns es jemals tun werden.

Ich möchte zwar nicht, dass wir in einem frommen Korsett eingeschnürt leben (vielleicht nicht gerade das glücklichste Bild), aber ich habe mir angewöhnt, mich nach dem Motto „Im Zweifel lieber nicht" zu richten. Eine witzige, aber fragwürdige Geschichte löst bestenfalls ein Lächeln oder vielleicht auch ein paar Sekunden Gelächter aus, aber schlimmstenfalls kann sie ernsthaft Anstoß erregen. Meiner Ansicht nach ist es das Risiko nicht wert.

Apropos Korsette, ich bin keinesfalls ein verklemmter Viktorianer – ich habe nie kapiert, wieso die Leute damals meinten, sie müssten Tischbeine verhüllen, damit sie nicht zu Objekten lüsterner Blicke werden. Ich persönlich habe Möbel noch nie auch nur im Entferntesten verführerisch gefunden, obwohl ich einen ausgesprochen schönen Couchtisch besitze. Aber es ist weder viktorianisch noch engstirnig, zu sagen, dass schmuddeliger Humor meist die Wirkung hat, dass wir uns ziemlich besudelt fühlen. Ich finde es toll, dass Christen laut lachen können, ohne dass unverhohlene Plumpheit, obszöne Sprache oder regelrechte Zoten ihrer Heiterkeit auf die Sprünge helfen müssen.

Es macht mich traurig, wenn ich geniale Komiker sehe, die offensichtlich so talentiert sind, dass sie nicht dauernd Kraftausdrücke fallen lassen müssten, um ihre Wirkung zu erzielen, es aber trotzdem tun. Wer sich so tief herablässt, der macht sein Talent nicht größer, sondern kleiner.

Dessen ungeachtet bin ich unendlich dankbar, dass Gott das Lachen erfunden hat. Ohne Lachen wäre das Leben ein graues Einerlei. Anscheinend haben auch manche Tiere, Hunde und Affen zum Beispiel, die Fähigkeit zu lachen, wenn man sie kitzelt. Andere dagegen nicht. Das sind vermutlich diejenigen, die sich gegenseitig fressen.

Adrian

Dürfen Christen Spaß an Zauberkunststücken haben?

Ich habe nichts dagegen. Du auch nicht, hoffe ich. Ich schaue mir sehr gern Zauberkunststücke an. Das fand ich schon immer toll. Die Beziehung zwischen einem Zauberkünstler und seinem Publikum kann im besten Fall geradezu familiär sein. Zauberkünstler machen kein Hehl aus ihrer Absicht, uns zu täuschen und zu verblüffen. Und wir wünschen uns, von ihnen verblüfft und geblendet zu werden. Wie schaffen sie es nur, Gegenstände und Menschen verschwinden zu lassen? Wie kann eine Zigarette eine solide Münze durchqueren? Wie kann sich ein Gegenstand in einen völlig anderen Gegenstand verwandeln, ohne je vor unseren Blicken verborgen zu sein? Wie kann ein Mann mitten in der Luft stehen, eine Handbreit über dem Straßenpflaster? Wie geht das zu?

„Führ uns hinters Licht! Leg uns rein!", rufen wir stumm. „Bring uns dazu, ungläubig Mund und Augen aufzureißen, und quäle uns mit dem Gedanken, wie wunderbar unmöglich die Illusion ist, die wir gerade gesehen haben. Aber sag uns nicht, wie du es gemacht hast, auch wenn wir dich noch so flehentlich bedrängen, es uns zu erklären. Wir wollen die glitzernde Magie. Auf keinen Fall möchten wir das ganze Gerüst enthüllt sehen, das sich, wie wir sehr wohl wissen, hinter der täuschenden Fassade verbergen muss.

Ich finde das alles wirklich herrlich.

Natürlich ist mir durchaus bewusst, dass manche Christen der Zauberei auf der Bühne mit tiefem Argwohn gegenüberstehen. Teilweise liegt das am Geruch des Okkulten, den sie daran wahrnehmen, jener dunklen Höhle, in die wir so gerne hineinspähen, auch wenn wir immer laut hinausposaunen, wie furchtbar wir sie finden, und teilweise daran, dass die Vertreter dieser Kunst definitionsgemäß davon leben, ihr Publikum zu belügen. Ich könnte jetzt eine halbe Stunde oder so damit vergeuden, dieser offenkundig unlogischen Sichtweise zu widersprechen, aber ich möchte euch lieber einen positiveren Blickwinkel anbieten.

Mir wird immer klarer, dass viele der weltlichen Begeisterungen und Gelüste der Menschen auf gesunde geistliche Instinkte verweisen, die zu Geschöpfen, die nach dem Bild Gottes gemacht sind, einfach dazugehören.

Nehmen wir zum Beispiel das Lottospielen. Manche verdammen es ja als eine Versuchung zum Abstieg in die Zwillingsabgründe der Habgier und des Glücksspiels, aber vielleicht kann man diese Aktivität ja auch so sehen, dass wir uns damit unbewusst nach Prinzipien ausstrecken, die Jesus selbst vor zweitausend Jahren gelehrt hat. Menschen spielen Lotto, weil sie möchten, dass in ihrem Leben etwas Wunderbares geschieht. Sie wollen, dass sich die Zukunft verwandelt. Sie wollen unermesslich reich sein.

All das bietet Jesus an. Etwas Wunderbares, was im Leben derer geschieht, die ihm nachfolgen, eine verwandelte Zukunft, nicht nur in dieser Welt, sondern auch in der nächsten, und unermessliche Reichtümer.

„Sammelt euch Schätze im Himmel", fordert er seine Zuhörer im sechsten Kapitel des Matthäusevangeliums auf. Die Metaphern, die Jesus verwendete, waren immer Wegweiser, die zur Wirklichkeit und zur Wahrheit führten. In irgendeinem Sinn, der in unserer ablenkungsreichen Welt nicht leicht zu erfassen ist, sollen wir uns ein Konto im Himmel eröffnen und dafür sorgen, dass dorthin Beträge überwiesen werden. Aber sei gewarnt: Erzähl bloß keinem, wie viel Gutes du getan hast, sonst klappt das nicht mit der Gutschrift.

Genauso ist es mit der Zauberei. Ich glaube, im Herzen von Männern und Frauen steckt ein instinktives Verständnis dafür, dass Magie und Wunder zu einer echten Spiritualität dazugehören. Zauberkünstler nehmen uns ein kleines, vergnügliches Stück mit auf dem Weg zu diesem Verständnis, aber Jesus führt uns noch weiter.

Stell dir mal vor, wie es gewesen sein muss, mit dem Sohn Gottes unterwegs zu sein, während er drei Jahre lang auf der Straße predigte.

Er braucht Geld, um eine Rechnung zu bezahlen. Also fordert er seinen Freund auf, hinunter an den See zu gehen, einen Fisch zu fangen und ihm ins Maul zu schauen. Der Typ fängt den

Fisch, findet in seinem Maul eine Münze, und damit wird die Rechnung bezahlt. Genial!

Er geht auf eine Hochzeit, und dort geht der Wein aus. Also fordert er seine hübschen Assistentinnen (die Service-Belegschaft) auf, einen Haufen großer Pötte mit Wasser zu füllen. Als sie das nächste Mal in die Pötte schauen, hat sich das Wasser bis zum letzten Tropfen in Wein verwandelt – und zwar in richtig guten Wein. Verblüffend! Wie hat er das nur mitten im Gedränge einer Hochzeit vor den Augen aller Leute hingekriegt?

Und so geht das weiter. Geht auf der Wasseroberfläche, als hätte er eine Brücke unter den Füßen. Bringt einen Sturm zum Schweigen, indem er ihn anschreit. Macht fünftausend Leute satt, indem er ein Stück Brot und ein paar Fische unter ihnen verteilt. Heilt Aussätzige. Ruft Tote zurück ins Leben. Lässt sich töten und begraben und steht dann ein paar Tage später wieder quicklebendig auf der Bühne. Wow! Unglaublich! Das alles ist einfach spektakulär.

Illusionen? Nein. Zaubertricks? Nein. Wunder? Ja. Es sind wunderbare Illustrationen der Tatsache, dass hinter den wahren Taten Gottes kein klobiges altes Gerüst zum Vorschein kommt und unser Staunen zunichtemacht. Damals nicht und heute auch nicht. Und richtig verstanden, hat das alles einen Hauch von Magie, ein Wiedererstehen jener glitzernden Begeisterung, die wir als kleine Kinder empfanden, wenn wir früh am Weihnachtsmorgen aufwachten und mit zitternden Fingerspitzen die faszinierenden Formen der Geschenke betasteten, die der Weihnachtsmann uns hinterlassen hatte.

Vielleicht ließ sich C. S. Lewis deshalb nicht davon abbringen, den Weihnachtsmann in Narnia auftauchen zu lassen. Die unfassbaren Dinge, die wir über Jesus zu glauben behaupten, übersteigen bei Weitem unseren Kinderglauben an fliegende Rentiere und die logistisch unwahrscheinliche Verteilung von Millionen von Geschenken durch einen lustigen alten Burschen in einem roten Mantel. Aber mir begegnen viel zu viele Christen, die das Staunen und die Begeisterung und die schiere Magie jener Kindertage verlernt haben. Manchmal bin ich selbst einer davon.

Ich sage, wir sollten wüten gegen den Tod des fassungslosen Staunens in der Gemeinde. Wir sollten wüten gegen Langeweile und kaum verschleierte Verweltlichung. Wir sollten wüten gegen die Erwartung, dass am Ende immer das Gerüst enthüllt werden müsse. Wir sollten wie die Kinder angesichts der Wunder, die wir sehen, unsere Augen und Münder aufreißen.

Genieß die Magie.

Jeff

Was antwortest du Leuten, die ihre Sätze beginnen mit „Ich sage das nur aus Liebe"?

Meistens antworte ich darauf nur mit einem Wort.

„Wirklich?"

Und das hängt mit den Erfahrungen zusammen, die ich bisher mit solchen Die-Wahrheit-in-Liebe-Sagern gemacht habe.

Mir fällt kein einziges Beispiel ein, wo jemand mir sagte, er wolle mir „die Wahrheit in Liebe sagen", und tatsächlich etwas besonders Liebevolles an sich hatte. Wenn man wirklich aus Liebe spricht, dann schwächt man das, was man sagt, nicht ab. Und andersherum, wenn man nicht aus Liebe spricht, sagt man eigentlich überhaupt nicht die Wahrheit, weil die Kommunikation durch die eigene Haltung verfälscht wird. Deshalb setze ich mir, wenn jemand zu mir kommt und so anfängt, meistens lieber einen Schutzhelm auf und mache mich auf den Weg zum nächsten Atombunker.

Christen haben es sehr gut drauf, ihre selbstsüchtigen Neigungen hinter frommer Sprache zu verstecken. Meist dreht sich für uns alles darum, was wir mögen oder nicht mögen.

Ich spüre eine Unruhe in meinem Geist. *Das gefällt mir gar nicht.*

Wir bekommen keine Nahrung. *Ich mag deine Predigten nicht besonders.*

Auf dem Lobpreis liegt keine Salbung mehr. *Die Lieder, die wir singen, gefallen mir nicht.*

Wir müssen zurück zum authentischen Wort Gottes. *Ich mag die Bibelübersetzung nicht, die wir verwenden.*

Jetzt, wo unsere Gemeinde größer wird, fühlt sie sich nicht mehr so wie eine Familie an. *Mir passen die Leute nicht, die hier auftauchen.*

Ich will dir etwas in Liebe sagen. *Ich kann dich nicht leiden.*

Wenn jemand hinter dieser Frömmelei richtige Bösartigkeit verbirgt, muss ich sagen, dass ich dafür immer weniger Toleranz aufbringe.

Einmal aß ich mit einem Gemeindeglied zu Mittag, das plötzlich unsäglich beleidigende Bemerkungen über mich und mein Leitungsteam von sich gab. Ich will nicht ins Detail gehen (erstens, weil die Bemerkungen so anstößig waren, und zweitens, weil der Mann dieses Buch lesen könnte, wenn ich das auch bezweifle – er ist nicht gerade mein größter Fan).

Ich stand auf und ging.

Ein Vorfall ragt in meiner Erinnerung heraus als der größte Hammer in Sachen „Ich sage das in Liebe". Ich habe schon verschiedentlich darüber geschrieben, aber diese Bücher sind alle vergriffen, sodass es eine Wiederholung wert ist.

Nach einem wunderbaren Gottesdienst während einer Männerfreizeit kam ein Mann auf mich zu. Nachdem er sich wie üblich mit „Ich sage das nur aus Liebe" abgesichert hatte, eröffnete er mir, er habe ein Zeichen auf meiner Stirn gesehen. Unwillkürlich rieb ich mir den Kopf in der Befürchtung, mir womöglich die Wimperntusche verschmiert (ich scherze) oder schlecht geschlafen zu haben, sodass ich mir am Kissen die Stirn wund gescheuert hätte (unwahrscheinlich, aber wohl möglich). Er unterbrach mich in meinem Kopfreiben.

„Nein, tut mir leid, das zu sagen, aber ich glaube, es könnte ... das Zeichen des Tiers sein."

Okay. Dann bin ich wohl offenbar ein Handlanger Satans. Was antwortet man darauf? Ich beschloss, meinen Mund zu halten, um diese groteske Anschuldigung keiner weiteren Erörterung zu würdigen. Ich bat ihn lediglich noch, er möge weggehen.

Vielleicht bist du anderer Meinung, aber ich glaube manchmal, wir Christen verwechseln es mit Sanftmut, wenn wir Leute auf uns herumtrampeln lassen. Wir stellen uns selbst als ach so heilig hin, wenn wir jemandem den Dolch zwischen die Rippen rammen, oder wir sitzen da und nehmen es hin, wenn Leute uns „in Liebe" beschimpfen. Jesus zögerte nicht, Petrus unverblümt zurechtzuweisen, als dieser etwas Falsches sagte. Ich will ja nicht die Fähigkeit Jesu, Leute zurechtzuweisen, mit meinem eigenen Geschick darin vergleichen, einen milden Tadel auszusprechen, aber manchmal ist es einfach notwendig, Leuten, die andere drangsalieren, zu zeigen, wo die Grenze ist.

Jeff

Widerspricht es meinem Christsein, wenn ich in geselliger Runde Alkohol trinke?

Warum sollte es?

Jesus trank nicht nur selbst Wein, sondern er versorgte sogar eine ganze Hochzeitsgesellschaft mit fässerweise vom besten, in aller Öffentlichkeit. Er war auch ein beliebter Partygast (und das lag vermutlich nicht nur an seiner Begabung für die Weinherstellung). Ich weiß ja, dass manche Leute, denen die Partynummer unseres Herrn in Kana offenbar ein Dorn im Auge ist, sich das irgendwie damit zu erklären versuchen, dass der Wein keinen Alkohol enthielt, was schon ziemlicher Blödsinn ist, wenn auch nicht so absurd wie der Gedanke, als Paulus dem jungen Timotheus riet, ein wenig Wein für seinen nervösen Magen zu sich zu nehmen, habe er gemeint, Timotheus solle nur äußerlich seinen Bauch damit einreiben ...

Es gibt Leute, die wissen, dass sie niemals trinken sollten, weil schon ein Schluck die eiserne Fessel der Sucht wieder zuschnappen lassen würde. Ebenso mögen manche Christen, die sich an ihrer Freiheit zu trinken ergötzen, gut daran tun, ein bisschen weniger zu trinken.

Aber der Gedanke, es würde uns als Christen disqualifizieren, wenn wir uns ein alkoholisches Getränk schmecken lassen, ist offensichtlich lachhaft.

Jeff

Werden Kreativität und Kunst in den evangelikalen Gemeinden zu wenig geschätzt?

Das stimmt leider, und zwar besonders in Amerika, was eigentlich überraschend ist, da es ja das Land ist, in dem Hollywood liegt. Manchmal werde ich von Leuten, die völlig auf Worte und Predigten fixiert sind, gefragt, wo denn Kreativität in der Bibel zu finden sei. Ich antworte dann immer, dass die Bibel mit den Worten beginnt: „Am Anfang schuf Gott ..." Könnte das ein Hinweis sein?

Adrian

Bist du auf Twitter?

Nein, ich nehme keinerlei Drogen jedweder Art.

Jeff

**Ein paar Leute in unserem Gebetsteam sagen,
es sei nicht Gottes Wille, dass ein geisterfüllter
Christ krank werde. Das sagen sie den Leuten, die zu
uns kommen, um für sich beten zu lassen.
Was würdest du dazu sagen?**

Ich würde sagen: „Red keinen Blödsinn." Und wenn sie dann darauf nicht antworten (was sie meistens nicht tun), würde ich hinzusetzen: „Geht bitte weg."

Christen werden krank. Keime haben keinerlei religiöse Skrupel. Und die Erfolgsstatistik des Todes ist ziemlich beeindruckend. Jeder erste Mensch stirbt.

Derartiger Quatsch sorgt also nur dafür, dass es Leuten, die sich krank fühlen, noch schlechter geht. Vor dem Treffen mit dem Gebetsteam litt die Person nur unter Erbrechen. Aber jetzt, nachdem ihnen der lächerliche Gedanke übergebraten wurde, sie seien nicht heilig genug, beteten nicht genug oder hätten nicht genug Glauben, geht es ihnen nicht nur körperlich schlecht, sondern auch in ihrem Herzen und ihrer Seele. Ich frage mich, was Hiob wohl zu solchen Sprüche klopfenden Gebetskämpfern gesagt hätte.

Jeff

Wenn man jemandem hilft, während man schlechte Laune hat, zählt das dann auch? Ich weiß, Gott hat einen fröhlichen Geber lieb, aber manchmal bin ich nicht fröhlich, sondern schlecht gelaunt.

Vielleicht bist du deshalb schlecht gelaunt, weil die Hilfe dich eine Menge kostet, oder du machst dir Sorgen, dass dein Opfer von der Person, die es empfängt, nicht gewürdigt wird. So oder so glaube ich, dass es dann umso mehr zählt.

Sagen, wie es wirklich ist

Adrian

Über unser Leben sind in letzter Zeit viele Stürme hereingebrochen. Was macht ihr, du und deine Frau, wenn euch so etwas passiert?

Ich vermute, du willst die wahrheitsgemäße Antwort auf diese Frage hören, nicht wahr? Schade. Es wäre so viel einfacher, eine hübsche Liste biblischer Prinzipien aufzustellen, die sich gut anhören, auch wenn sie in Wirklichkeit nicht so funktionieren, wie sie sollen. So eine Liste könnte ich dir vielleicht liefern, wenn nicht das letzte Jahr in unserem Leben sich als eine der stürmischsten Perioden entpuppt hätte, die wir je erlebt haben.

Ach, das wirkliche Leben. So ein Schweinehund, was? Jemand sagte mir neulich am Telefon (vermutlich Bezug nehmend auf den Jakobusbrief), ein positiver Aspekt der Probleme in unserem Leben sei es, dass sie mit dazu beitragen, unseren Charakter zu formen.

Nach einer kurzen Pause sagte ich mit vorbildlicher christlicher Selbstbeherrschung: „Ich glaube, Bridget und ich würden sagen, dass unsere Charaktere fürs Erste völlig ausreichend geformt sind, vielen Dank. Wir wünschen uns ein paar schöne, katastrophenfreie Monate, damit wir herausfinden können, ob diese letzte Stufe unserer Charakterformung wohl ausreichen wird, um uns durch die nächste überaus wertvolle, mit Ungemach übersäte Phase unseres Lebens hindurchzutragen."

Na schön, ich will versuchen, euch genau zu sagen, was für uns hilfreich ist, und wenn ihr in diesem Sammelsurium irgendetwas findet, was euch passt, bedient euch bitte.

Erstens haben wir einander. Ein Riesenvorteil. Jemanden zu haben, der dir die Hand hält, wenn Donner und Blitze über dich hereinbrechen. Jemanden, der sich mit dir in einem feuchten Winkel des Bootes zusammenkauert, wenn alle Hoffnung über Bord geht. Jemand, der hinterher, wenn der Sturm sich gelegt hat, Stillschweigen darüber bewahrt, wie jämmerlich ihr beide zusammengebrochen seid, als offenbar wurde, wie arm an Ressourcen ihr wart. Das alles und noch viel mehr. Es ist unser großes Glück, diesen Reichtum zu besitzen.

Wir sind glücklich – oder gesegnet, wenn dir das lieber ist –, mehr als genug zu haben, und deshalb versuchen wir, jedem Zuflucht zu geben, der uns auf See braucht. Schließlich haben das in der Vergangenheit auch andere für uns getan. Was mich zu einer anderen Sache bringt, die uns hilft, durch Stürme hindurchzukommen.

Unsere Familie und unsere Freunde.

Wir lieben sie alle. Sie sind uns unendlich kostbar.

Jesus scheint das auch so empfunden zu haben, wenngleich auch seine engsten Gefährten manchmal ein bisschen enttäuschend waren, oder? Mich zieht es immer wieder zu den Schilderungen der Evangelien, wie Jesus sich im Garten Gethsemane quälte. Dieses ungemein menschliche Ringen um den Frieden, den er brauchte, um mit dem bevorstehenden Schrecken fertigzuwerden, hat etwas ebenso Grausiges wie Wunderbares. Offenkundig wollte er nicht die körperlichen, geistlichen und emotionalen Qualen durchmachen, die auf ihn warteten. Er war tief betrübt, fühlte sich geradezu zermalmt.

„Du kannst alles tun, was du willst. Bitte, wenn es möglich ist, sag mir, dass ich das nicht machen muss", flehte er seinen Vater an. „Das ist es, was ich mir wünsche. Aber vor allem möchte ich dir gehorsam sein."

Er hatte seine drei Freunde Petrus, Jakobus und Johannes ein paar Schritte weit entfernt zurückgelassen und schöpfte Kraft aus dem Umstand, dass sie (theoretisch) zuschauten und für ihn beteten, während er darum rang, inmitten eines unvorstellbar heftigen Sturms aus Angst und Not seinem Entschluss treu zu bleiben. Drei Mal fand Jesus sie auf dem Gras unter den Bäumen ausgestreckt liegend, willige Geister, die sich dem schwachen Fleisch ergeben hatten und einfach ihre müden Augen nicht mehr hatten offenhalten können.

Die Bibel wird meistens immer noch mit gleichmäßiger Stimme vorgelesen, sodass extreme Emotionen glattgestrichen werden, als wäre jede Unebenheit in der Offenbarung eine Schande. Deswegen fällt es uns schwer, uns die Verletzung und Enttäuschung in der Stimme des Meisters vorzustellen, als er Simon Petrus beim ersten Mal schlafend antrifft und ihn anspricht:

„Simon, schläfst du? Vermochtest du nicht eine Stunde zu wachen?"

Ich nehme an, die Jünger waren es von Jesus nicht gewohnt, dass er sich so verletzlich zeigte. Wenn die Säulen, auf denen unser Dasein ruht, zu ächzen und zu knacken beginnen, wird uns sehr unbehaglich. Es könnte ja sein, dass das Dach einbricht. Die Reaktion der Jünger, oder ihre ausbleibende Reaktion, als sie erneut schlummernd vorgefunden werden, hat etwas unaussprechlich Klägliches an sich.

Sie wussten nicht, was sie ihm antworten sollten (Markus 14,37 und 40).

Natürlich wussten sie das nicht.

Sie tun mir unwillkürlich ein bisschen leid. Es war ein sehr langer Tag gewesen, und sie verstanden gar nicht so richtig, was eigentlich los war. Woher sollten sie auch wissen, dass er dabei war, endgültig die qualvolle Entscheidung zu treffen, mit der er die Welt retten würde? Aber sie spürten durchaus, dass sie ihren Meister im Stich gelassen hatten. Jesus war offenkundig in tiefer Not. Er brauchte seine Freunde, und sie hatten es nicht vermocht, wach zu bleiben, nicht einmal für sechzig Minuten.

Eine hilfreiche Lektion, die wir aus dieser Geschichte ziehen könnten, ist, dass es nicht nur auf eine abstrakte göttliche Unterstützung ankommt, wenn wir einen Sturm durchmachen müssen. Jesus liebte seinen Vater und verließ sich ganz auf ihn, aber in jener Nacht brauchte er seine Freunde. Fleisch und Blut, nahebei, aufmerksam und vorzugsweise wach. Wir müssen unsere Freunde in Anspruch nehmen. Wenn sie wirklich unsere Freunde sind, werden sie uns gerne helfen. Vielleicht sind sie sogar bereit, mit uns in der Dunkelheit zu sitzen. Und sie sind nicht bloß ein Ersatz für Gott. Sie sind seine besonderen Gaben an uns – selbst wenn sie manchmal einschlafen.

Wie leicht unterschätzen wir die guten Dinge, die uns in rauen Zeiten eine Stütze sind. Wie leicht betrachten wir die kleinen, aber immer gegenwärtigen Hilfsmittel, die uns ein bisschen Frieden verschaffen, als Banalitäten im Vergleich zu den Dingen, die uns als geistlich bedeutsame Gaben Gottes erscheinen.

An dieser Stelle, glaube ich, ist es an der Zeit, den Tee zu erwähnen.

In England sagen wir: „Das ist doch nur ein Sturm in einer

Teetasse." Das soll meistens heißen, dass ein Problem oder eine Schwierigkeit, die eigentlich kaum richtigen Schaden anrichten können, viel zu ernst genommen werden. Das ist mir klar, aber Bridget und ich möchten euch gern einen anderen Blickwinkel auf dieses Szenario mit dem Sturm und der Teetasse nahelegen. In den letzten Monaten konnten wir oft schlecht schlafen, weil wir uns mit Problemen und Sorgen herumschlugen, die uns um drei Uhr morgens vollkommen unlösbar vorkamen. Deswegen haben wir uns angewöhnt, dafür zu sorgen, dass alles, was wir brauchen, um einen Tee zuzubereiten, zu jeder Tages- und Nachtzeit griff- und einsatzbereit ist.

Ich bin mir sicher, vielen wird der nun folgende, immer wieder bewährte Dialog, der sich gelegentlich in der trostlosen Dunkelheit entspinnt, bekannt vorkommen. Meistens geschieht das dann, wenn einem von uns bewusst wird, dass schon seit einigen Minuten keiner von uns irgendwelche nächtlichen Geräusche mehr von sich gegeben hat.

„Bist du wach?"

„Ja, und du?"

(Dumme Frage!)

„Ja."

„Trinken wir einen Tee?"

(Noch eine dumme Frage!)

„Ja!"

Das Licht geht an. Der Kessel macht seine langsamen, lieblichen Geräusche auf dem Weg zum Kochen. Tassen und Löffel klappern und klirren. Der Kessel startet seine brodelnde kleine Hundert-Grad-Celsius-Lobpreisparty. Wasser wird ausgeschenkt. Milch wird dazugegeben – ganz, ganz behutsam. Eine Packung raschelt und reißt, als ein paar störrische Kekse aus ihrem Versteck hervorgelockt werden. Gleich kommt der erste

Schluck! Wir trinken ihn. Überrascht von solch unerwarteter Freude, tritt der Teufel den Rückzug an, wieder einmal erbost und verblüfft über die Macht der kleinen, aber perfekt gestalteten Schöpfungen seines Feindes.

Der springende Punkt ist, dass man einen Sturm, so riesig und unbeherrschbar er auch sein mag, einfach nicht in eine Teetasse zwängen kann – jedenfalls nicht, wenn da schon Tee drin ist. Für ein paar Minuten mitten in der Nacht beherrscht der Tee die Lage, und die veränderte Perspektive bedeutet, dass noch ein wenig kostbarer Schlaf zumindest möglich ist. Freilich, ihr lieben Pedanten, jeder hat andere Getränkevorlieben, bevorzugt andere Teesorten und Zubereitungsarten (mitten in der Nacht im Schlafzimmer mag es bis zu Fifty Shades of Earl Grey geben), aber das Prinzip bleibt bestehen. Ein bisschen Entspannung tut gut, und soweit es Bridget und mich betrifft, ist auf Tee immer Verlass.

Hätten Petrus, Jakobus und Johannes einen Gaskocher, eine Schachtel Yorkshire-Teebeutel und eine Packung H-Milch bei sich gehabt, so wäre es vielleicht für alle Beteiligten eine bessere Nacht gewesen. Wir haben mehr Glück als sie. Wir haben Tee. Gott sei Dank für die kleinen Dinge, die alles verändern. Er hat sie gemacht, und darauf ist er bestimmt sehr stolz.

Zum Schluss sei noch eine Sache kurz erwähnt, die wir immer sehr nützlich finden, wenn die Winde heulen und die Wolken aufziehen. Auf den ersten Blick mag dieser Plan nicht besonders toll erscheinen, aber oft kann er uns wirklich Erleichterung verschaffen. Bitte Gott, dir eine Aufgabe zu geben. Wenn er so freundlich oder so grausam ist, dir eine zu geben, kann es sein, dass du im Anpacken dieser Aufgabe mehr echten Trost findest als in noch so vielen abstrakten so genannten geistlichen Übungen.

Allen, die dies lesen, wünsche ich alles Gute beim Durchstehen ihrer eigenen Stürme. Wie auch immer eure persönliche Liste göttlicher Sturm-Hilfestellungen aussieht – Meditation, Heil, Bratwurst, Bibelverse oder euch die Haare bürsten lassen –, ich wünsche euch, dass ihr Trost im Augenblick findet und ruhige See und blauen Himmel am Ende der Reise.

Jeff

Was ist das Wichtigste, das du im letzten Jahrzehnt gelernt hast?

Wow. Große Frage. Vor ein paar Jahren, glaube ich, hätte ich diese Frage vielleicht so verstanden: „Was ist das Wichtigste, das Gott dir gesagt hat?" Aber ich bin froh, dass du sie anders stellst und mich nach den Lektionen fragst, die ich gelernt habe. Davon gab es eine Menge.

Um das klar zu sagen: Gott spricht durchaus auch heute. Er ist nicht stumm, distanziert oder desinteressiert, so als ob er nur die Achseln zucken und zum Universum sagen würde: „Ist das mein Problem?" Ich glaube aber, er ist schweigsamer, als manche von uns ihn darstellen. Ich habe immer gemischte Gefühle, wenn ich solchen atemlos begeisterten Christen begegne, bei denen Gott so unglaublich gesprächig ist. Sie schildern uns Gott als eine endlose Plaudertasche, die sie ständig auf dem Laufenden hält über solche Kleinigkeiten wie, welche Krawatte sie zu dem blauen Hemd anziehen sollen, wo sie ihr Auto parken können und ob es am Sonntag zum Mittagessen lieber Lamm oder Rind geben soll. Und das alles, während er gleichzeitig überall alles beaufsichtigt und Milliarden weiterer Simultangespräche führt, was selbst für Gott eine enorme Multitasking-Leistung ist. Ich weiß nicht, ob ich von diesen Leuten, mit denen Gott so viel redet, eingeschüchtert sein oder ihnen raten soll, sich einen Termin beim Therapeuten geben zu lassen.

Gott spricht durchaus auch zu mir (wenn auch nicht so oft, wie es mir lieb wäre), aber in letzter Zeit geschah sein Reden eher durch gelernte Lektionen und gezogene Schlüsse als durch einen subjektiven Eindruck, eine spektakuläre Prophetie oder einen lebhaften Traum in der Nacht. Als einer, der aus dem charismatischen Flügel der Gemeinde Jesu kommt, bin ich davon überzeugt, dass unsere Leute zu viel von *Offenbarung* sprechen – vom Reden Gottes – und zu wenig von *Weisheit* – von unserem Lernen, nicht nur in Bezug auf die Lektionen des Lebens, sondern mehr noch auf die Natur und das Herz Gottes, während wir unsere Tage durchleben und uns dabei quasi unsere Notizen machen.

Okay, so viel zu diesem kleinen Exkurs darüber, wie Gott spricht. Zurück zur Frage.

Die größte Lektion der letzten zehn Jahre für mich ist eine, von der ich wünschte, ich hätte sie schon vor vierzig Jahren gelernt, nämlich diese:

Alles ist brüchig.

Diese Tatsache hatte eine so enorme Wirkung auf mich, dass ich öffentlich und privat endlos darüber geredet und an anderer Stelle auch geschrieben habe. Aber es kann gar nicht oft genug wiederholt werden.

Alles ist brüchig.

Es gibt nichts, was keine Sprünge, Mängel oder Risse hätte. Jede Organisation, jede Gemeinde, jede Ehe, jede Person, jedes

Projekt, du, ich – alles ist, wir alle sind brüchig. Und je eher ich mich dieser Tatsache stelle, desto besser für mich.

„Zyniker!", höre ich jetzt einige rufen, die behaupten, ich wäre im Lauf der Jahre abgestumpft und hätte meinen jungfräulichen Sinn für Hoffnung verloren. Andere werden wohl befürchten, ich gebe mich mit Kompromissen zufrieden, wenn ich mich auf den Standpunkt stelle, alles sei brüchig, egal, wie viel Mühe wir uns geben, egal, wie verliebt wir sind, egal, wie großartig diese Gemeinde ist. Aber ich erliege keineswegs dem Zynismus, und ich hisse schon gar nicht die weiße Fahne, um mich zu ergeben und alles mittelmäßig und minderwertig sein zu lassen.

Ich rücke mir lediglich die Brille zurecht und stelle mich auf eine authentischere Hoffnung ein, die meiner Meinung nach eher das widerspiegelt, was die Bibel uns über die menschliche Verfassung sagt.

Als leidenschaftlicher junger Christ fand ich unsere Gemeinde so toll, dass ich dachte, wenn wir es nur schaffen, dass die BBC am Sonntagmorgen mit ihren Kameras kommt, würde sich das ganze Land auf der Stelle bekehren. Heute, vierzig Jahre später, habe ich die Gemeinde von ihrer besten und von ihrer schlimmsten Seite erlebt. Sie ist voller aufopferungsvoller Ehrenamtlicher, stiller Heldinnen und Helden, die am Sonntag Abendmahl feiern und am Montag zur Chemotherapie gehen, und alter Damen, die jeden Samstagabend hinaus auf die Straßen unserer Städte gehen, um sich als Ersatzoma um sturzbetrunkene Jugendliche zu kümmern. Und ich habe meckernde, kleinliche, herumkrittelnde Seelen erlebt, die sich um Liedauswahl, Bibelübersetzungen und ihre Lieblingsplätze in der Kirche streiten (die ja doch nicht ihnen gehören). Ich bin Christen begegnet, die von der Freude im Herrn reden, aber durchtrainierte Jammerlappen sind – sie wären Olympiasieger, wenn es nur eine Goldmedaille für wehleidiges Getue gäbe.

Auf dieser Seite der Ewigkeit werden wir niemals geradeaus schauen oder vollkommen gerade sein. Es sind schon viele Hinweise und Anzeichen des Reiches Gottes zu sehen, aber vollständig wird alles erst an jenem großen, herrlichen Tag, wenn dieses Reich endlich ganz und gar aufgerichtet wird.

In der Zwischenzeit leben wir in der Zwischenzeit. Da wir wissen, dass alles brüchig ist, brauchen wir uns nicht von der Enttäuschung erschlagen, von der Desillusionierung verfolgen oder davon aus der Fassung bringen zu lassen, wenn unsere idealistischen Erwartungen sich nicht erfüllen. Es mag uns traurig machen, wenn eine lang bewährte Ehe auseinanderbricht, wenn ein Mann, der so aufrecht erschien, ein Urbild der Beständigkeit, seine Frau nach fünf Jahrzehnten für eine neue, jüngere Version verlässt, aber zutiefst überraschen kann uns das nicht, weil wir uns keine Illusionen über die menschliche Natur machen. Und das bewahrt uns davor, uns von der Gemeinde abzuwenden und vor uns hin zu murmeln, was für ein Haufen von Heuchlern sie doch sei, denn das ist eine ungerechtfertigte üble Nachrede. Schließlich sind wir doch diejenigen, die offen sagen, dass wir Sünder und immerzu auf Gnade angewiesen seien.

Ich habe einmal eine Denomination verlassen, zum Teil deshalb, weil ich empört über ihre Brüche war. Also ging ich und schloss mich einer neuen Gemeindebewegung an, aber die war auch brüchig. Die Gemeinde, der ich heute diene, wächst, ist einfallsreich, blüht und hat Brüche. Aber ich habe daran nichts zu kritisieren: Schließlich trage ich zu den Mängeln von allem bei, woran ich beteiligt bin, denn ich bringe ja meine eigenen Brüche mit, wo immer ich auftauche.

Zu unserem Glück gebraucht Gott ausschließlich schwache,

brüchige, unfertige Leute. Glaube nicht den Mythen, die von den stets auf Hochglanz polierten Seelen verbreitet werden, die ihr Leben voll im Griff zu haben scheinen. Unter der glänzenden Oberfläche gibt es immer haarfeine Risse. Durch sie kommt Gott hinein.

Adrian

Gibt es Stellen in der Bibel, die dich zum Weinen bringen?

Eine ungewöhnliche und interessante Frage. Ja, natürlich. Da gibt es eine ziemlich lange Liste, aber ich habe vier Beispiele ausgesucht, von denen ich euch erzählen möchte.

Das erste ist der Moment im achtzehnten und neunzehnten Kapitel des zweiten Samuelbuches, wo König David erfährt, dass sein Sohn Absalom ums Leben gekommen ist, als das Maultier, auf dem er reitet, unter einem Baum durchläuft und er sich mit seinen Haaren in den Ästen verfängt. Erst später findet David heraus, dass Absalom in Wirklichkeit von Joab getötet wurde, dem Befehlshaber der Streitmacht des Königs, der dem jungen Mann drei Pfeile ins Herz schoss, während er hilflos von dem Baum herabhing. David weiß ganz genau, dass sein ganzer Konflikt mit Absalom Teil der Strafe ist, die Gott ihm wegen seines Ehebruchs mit Bathseba und seines kaltblütigen Mordes an deren Mann Uria auferlegt hat. Offenbar gelingt es ihm, dieses Gericht Gottes anzunehmen, aber wie wir alle wissen, die wir als Eltern Fehler bei unseren Kindern gemacht haben, tut es schier unerträglich weh, die Folgen unseres Fehlverhaltens mit ansehen zu müssen.

Mein Sohn Absalom! Mein Sohn, mein Sohn Absalom! Wollte Gott, ich wäre für dich gestorben! O Absalom, mein Sohn, mein Sohn! (2. Samuel 19,1)

Mit seiner hemmungslosen Trauer stößt David seinen Feldherrn Joab und die Männer, die für den König gekämpft haben und gestorben sind, heftig vor den Kopf. Für sie sieht es so aus, als ob er diejenigen liebt, die ihn hassen, und diejenigen hasst, die ihn lieben. Das ist vollkommen nachvollziehbar, und ich verstehe es auch. Aber ich bin auch ein Vater, und ich kenne das Gefühl, wenn es mir vor Kummer die Kehle zuschnürt angesichts tragischer Dinge im Leben meiner Kinder. Gott und ich, wir kennen das beide.

Die zweite traurige Stelle kommt im dritten Buch Mose. Die meisten von euch sind ja sicherlich versierte Theologen und kennen dieses Buch mehr oder weniger auswendig. Deshalb ist euch vollkommen bewusst, dass diese siebenundzwanzig Kapitel nicht gerade ein emotionales Achterbahnerlebnis bieten, es sei denn vielleicht für solche, die Achterbahnen mögen, die ganz, ganz langsam mit angezogener Bremse ein kaum merkliches Gefälle hinunterrollen.

Allerdings gibt es da im zehnten Kapitel einen Satz aus nur drei Wörtern, bei dem mir die Tränen kamen, als ich sie zum ersten Mal im Zusammenhang las. Es geht um Aaron, den glücklosen Bruder und zeitweiligen Wortführer des Mose. Kurz zuvor waren seine beiden Söhne Priester geworden, und die ganze Volksgemeinschaft hatte mit großer Freude gesehen, wie Feuer vom Herrn ausging und das Brandopfer verzehrte.

Daraufhin kamen die beiden jungen Männer, Nadab und Abihu, auf die Idee, dem Herrn ihr eigenes, unbefugtes Feuer zu bringen (davon gibt es in unserer Zeit eine Menge), worüber der Herr, gelinde gesagt, nicht erfreut war. Wieder ging Feuer von ihm aus, doch diesmal verzehrte es Nadab und Abihu. Die beiden Brüder, die immer noch die verkohlten Überreste der Priestergewänder trugen, in denen sie ausgesehen haben müssen wie eine Mischung aus Dame Edna Everage und der Witwe Twanky, waren tot. Und als ihr Vater seine Träume vernichtet zu seinen Füßen liegen sah – was sagte er da?

Die Bibel sagt uns nur dies: „Und Aaron schwieg."

Ist das nicht furchtbar traurig?

Ehe ihr jetzt denkt, ich wäre total auf emotionale Vater-Sohn-Dramen fixiert (weit gefehlt), lasst mich weitergehen zu meinem dritten tränenreichen Moment. Dieser ist in fünf Wörter verpackt, die möglicherweise einen der berühmtesten Verse in der Bibel bilden.

„Und Jesus gingen die Augen über."

Ich habe über dieses Thema in der Vergangenheit schon viel geschrieben, aber ich kann diese Frage nicht beantworten, ohne deutlich zu machen, wie sehr ich mit Jesus fühle, wie er dort emotional zerrissen ist zwischen der drängenden Not seiner Freunde Marta, Maria und Lazarus auf der einen und seiner absoluten Hingabe an den Willen des Vaters auf der anderen Seite. Der Frontalangriff Martas, gefolgt vom tränenreichen Zusammenbruch ihrer Schwester Maria, muss ihn bis ins Mark erschüttert haben.

„Wärst du hier gewesen, mein Bruder wäre nicht gestorben."

Jesus war am Boden zerstört. Kein Wunder, dass er weinen musste.

Wenn er weinte und wir um ihn weinen, dann sollten wir

vielleicht auch um uns selbst weinen. Wenn wir ernsthaft vorhaben, in unserem Leben Jesus nachzufolgen und dem Willen Gottes zu gehorchen, dann werden wir wahrscheinlich auch selbst solche qualvollen Konflikte durchleben. Es wird vielleicht Zeiten geben, in denen die Entscheidungen, die wir treffen, bei den Leuten, die einen Anspruch auf uns zu haben glauben, nicht gut ankommen werden. Und diese Leute werden uns dann vielleicht hart zusetzen.

Nur ein Gewand und ein paar Sandalen. Kein Brot, keine Tasche, kein Geld in unserem Gürtel, kein zweites Hemd – keine Kompromisse, keine Bequemlichkeiten. Das Leben auf der Straße kann hart sein.

Ja, vielleicht werden wir weinen.

Eine Stelle noch. Es geht wieder um Jesus. Hier sind die Verse. Sie stehen am Ende des sechsten Kapitels des Johannesevangeliums:

Von da an wandten sich viele seiner Jünger ab und gingen hinfort nicht mehr mit ihm. Da sprach Jesus zu den Zwölfen: Wollt ihr auch weggehen? Da antwortete ihm Simon Petrus: Herr, wohin sollen wir gehen? Du hast Worte des ewigen Lebens; und wir haben geglaubt und erkannt: Du bist der Heilige Gottes (V. 66-69).

Ob Jesus wusste, dass er diese Antwort von Petrus bekommen würde? Vielleicht, aber die Evangelien machen immer wieder deutlich, dass der Sohn Gottes nicht über alles im Voraus Bescheid wusste. In etlichen Situationen scheint er spontan schockiert, erstaunt, erzürnt oder erfreut gewesen zu sein, besonders dann, wenn Menschen ein außergewöhnliches Maß an Zweifel oder Glauben an den Tag legten. Vielleicht war er bei diesen Gelegenheiten auf ganz normal menschliche Weise niedergeschlagen, als sich die Mehrzahl seiner Anhänger aus dem Staub mach-te und er vor der Möglichkeit stand, dass selbst die zwölf Jünger, die er ganz am Anfang ausgewählt hatte, sich von ihm abwenden könnten.

Doch so kam es nicht, wie wir wissen. Was für eine herzliche Wohltat diese kleine Rede des Petrus gewesen sein muss. Um ehrlich zu sein, Bridget und ich wiederholen seine Worte immer wieder, wenn wir durch harte Zeiten gehen und es immer klarer auf der Hand liegt, wieso die weniger begangene Straße eigentlich so wenig begangen wird.

Wenn dir etwas Schlimmes passiert, bist du vielleicht genau wie wir manchmal in Versuchung, dich abzuwenden – aber wo sollten wir hingehen? Das ist das Problem. Jesus hat wahrhaftig Worte des ewigen Lebens und der Hoffnung – das Geheimnis des Triumphs der Liebe. Ist das nicht genau das, was wir uns mehr wünschen als alles andere? Also beschließen wir am Ende, bei ihm zu bleiben, und hinterher sind wir immer wieder froh darüber. Wenn er sich auch darüber freut, ist das ein Bonus.

**Sagst du manchmal öffentlich Dinge,
die du später im Stillen bereust?**

Das kommt vor, wenn auch nicht mehr so häufig wie früher. Das liegt nicht daran, dass ich jetzt so viel schlauer und klüger wäre als vorher, sondern daran, dass ich gelernt habe, ein enormes Talent dafür zu haben, in jedes verfügbare Fettnäpfchen zu treten, und deshalb etwas vorsichtiger damit geworden bin, spontane Bemerkungen zu machen, die ich mir nicht vorher gründlich überlegt habe. Und ich habe echte Angst davor, Leute mit einem „cleveren" Spruch zu verletzen, mit dem ich vielleicht die Lacher auf meine Seite bringe, aber gleichzeitig jemandem sehr wehtue. Wenn ich schon Witze auf irgendjemandes Kosten mache, dann soll es auf meine eigenen sein. Oder auf Kosten des Teufels. Aber meistens auf meine.

In der Bibelschule hatten wir Predigtunterricht, und einer der Dozenten sprach darüber, was wir tun sollten, wenn wir den Eindruck hätten, wir hätten in einer Predigt etwas Irriges oder Taktloses gesagt. Er sagte (wenn ich ihn richtig verstanden habe), wir sollten einfach weitermachen. Wenn man sich unterbricht, um den Irrtum zu berichtigen oder sich für unüberlegte Worte zu entschuldigen, meinte er, dann lenkt man nur erst recht die Aufmerksamkeit auf den begangenen Fehler. Ich glaube, das war ein schlechter Ratschlag.

Schon einige Male hatte ich den Eindruck, dass der Ton, nicht der Inhalt, dessen, was ich gesagt hatte, zu ruppig oder schikanierend war. Leider ist mir das auch schon ein paar Mal passiert, als ich vor mehreren tausend Leuten sprach, sodass mein Fehler gleich für ein großes Publikum offensichtlich wurde. Wenn ich dann zum Ende meiner Predigt kam, merkte ich an dem nagenden Unbehagen in mir, dass ich zu hart gewesen war. In solchen Fällen habe ich meine Ansprache beendet, gebetet und dann die Versammelten gebeten, mir noch einen Moment ihrer Zeit zu gewähren. Und dann habe ich meinen Fehler benannt und dafür um Entschuldigung gebeten. Wenn mir so etwas passierte, hatte ich das widersinnige Gefühl, das meine Glaubwürdigkeit bei den Zuhörern stieg, weil ich mich zu meinem Irrtum bekannte, statt wegen meines Tonfalls oder meiner unüberlegten Worte zu sinken. Aber wie das Resultat auch immer aussieht, das Prinzip ist dieses: Leute, die andere drangsalieren, sollte man nicht als Leiter tolerieren. Wenn wir das falsch machen, sollten wir um Entschuldigung bitten.

Manchmal wird dadurch, dass man sich in verschiedenen Kulturen äußert, die Sache komplizierter (und der Humor schwieriger, wie schon geschildert), aber für die grausige Geschichte, die ich euch gleich erzählen werde, gibt es eigentlich keine Entschuldigung. In Amerika wird der Ausdruck „retarded" (zurückgeblieben) immer noch häufig verwendet, wie auch das Wort „handicapped" (gehandicapt). Hin und wieder benutzen Leute das Wort „retard" auf äußerst unfreundliche Weise für jemanden, der sich dumm oder idiotisch benimmt, aber schlimmer noch auch für jemanden, der Lernschwierigkeiten hat. Und der Ausdruck „totally retarded" wird manchmal verwendet, um sich über eine lächerliche Idee oder Haltung lustig zu machen. Ich will den Gebrauch dieser Ausdrücke nicht verteidigen, sondern lediglich eine Tatsache feststellen.

Ich war aus den USA zurück nach England geflogen und sprach im großen Zelt bei Spring Harvest, und eine Kombination aus Jetlag und meiner eigenen hausgemachten Dämlichkeit führte dazu, dass ich eine Idee, die ich albern fand, als „totally retarded" bezeichnete.

Am Ende der Veranstaltung trat mir eine wütende Frau in den Weg, die völlig aufgebracht über meine rücksichtslose Wortwahl war. Sie hatte vollkommen recht mit ihrer Empörung, denn es ging ja nicht nur darum, dass ich ein politisch unkorrektes Vokabular verwendet hatte – ich hatte mit meiner Achtlosigkeit ein Gefühl der Ausgrenzung erzeugt. Was ihre Frustration noch verstärkte, war die Tatsache, dass sie unter großen Mühen eine

Gruppe von Leuten mit zu der Veranstaltung gebracht hatte, die alle Lernschwierigkeiten hatten. Und nun hatten sie von Pastor Tölpel (das bin ich) an diesem Abend diese grobe Ausdrucksweise gehört. Mit Tränen in den Augen bat ich um Entschuldigung, und am Ende verzieh sie mir auch, aber ich merkte ihr an, wie wütend sie war. Ich kann ihr die Wut nicht verdenken. Hätte ich doch nur an diesem Abend das Gehirn eingeschaltet, bevor ich den Mund aufmachte. Das ist inzwischen Jahre her, aber ich bedaure es immer noch sehr.

Jeff

Was ist das Größte, was du zustande gebracht hast?

Im Glauben Risiken einzugehen. Als wir in Amerika wohnten, beschlossen wir, einen Reisedienst zu starten, der sich allein aus den Gemeinden finanzieren sollte, in denen wir zu Gast waren. Unser Kontostand war niedrig, der Kalender ziemlich leer, und es standen keine Spender Schlange, um uns auf die Beine zu helfen, aber wir hatten das Gefühl, dass Gott das von uns wollte und dass er sich um uns kümmern würde.

Eine ähnlich harte Entscheidung trafen wir ungefähr vier Jahre später, als wir den Eindruck hatten, wir sollten zurück nach England gehen. Zu der Zeit hatte uns die Gemeinde, die bereit war, uns auszusenden, nur einige wenige Tausend Pfund pro Jahr zugesagt, und in England ist es nicht so wie in den USA, dass man einfach Gemeinden anrufen und darum bitten kann, als Prediger eingeladen zu werden. Ich erinnere mich noch an das Gefühl der aufsteigenden Panik, als die Maschine über die Startbahn rollte und ich überlegte, was jetzt aus uns werden würde, wenn wir die USA hinter uns ließen. Wir hatten keinen festen Wohnsitz – ein Ehepaar aus der Gemeinde war für sechs Monate verreist und überließ uns seine Wohnung vorübergehend zur Untermiete, aber wir hatten keine Ahnung, wo wir langfristig ein Dach über dem Kopf finden würden. Doch wieder griff Gott ein – auf sehr bemerkenswerte Weise.

Adrian

Gibt es Früchte, vor denen du Angst hast?

Das ist eine sehr persönliche, tiefschürfende Frage, und ich will sie einer ernsthaften Betrachtung unterziehen.

Okay. Jetzt habe ich ihr mehrere Eimer tiefen Nachdenkens übergeschüttet, und hier ist das Ergebnis.

Ich habe tatsächlich schon seit Langem ein Problem mit Tomaten.

So, jetzt habe ich es ausgesprochen. Ich dachte nicht, dass ich das je über mich bringen würde.

Und wenn ich mich schon zu solcher Ehrlichkeit durchgerungen habe, will ich auch die Narben nicht verheimlichen, die ich durch den Verrat und die Enttäuschung davongetragen habe, die mir durch Orangen, Satsumas und Mandarinen zuteilgeworden sind.

Die Sache mit den Tomaten ist komplex und vielschichtig. Ich benutze Tomatenketchup schon, solange ich denken kann.

Schon als Kind hatte ich eine besondere Vorliebe für den folgenden Reim:

Schütteln heißt das Ketchup-Spiel,
erst kommt nix und dann zu viel.

Dabei müsst ihr euch allerdings vor Augen halten, dass mein unschuldiger, kindlicher Geist nie den Zusammenhang zwischen richtigen Tomaten und dem Ketchup herstellte, der aus ihnen gemacht wurde. Tomaten waren Tomaten. Ketchup war Ketchup.

Damals war das Leben ja noch so viel einfacher. Interessanterweise (interessiert euch doch, oder?) hätte es mir damals auch gar nichts ausgemacht, wenn ich den Zusammenhang gesehen hätte. Die Tomaten in unserem Gewächshaus waren süße, nette kleine Geschöpfe mit ausgeprägtem Tomatengeschmack. Ich mochte sie. Und ja, ich aß sie. Schon Oscar Wilde sagte ja, wie ich mich dunkel erinnere: „Doch jeder isst die Frucht, die er liebt ...“

Im Lauf der Jahre blieb mir meine Vorliebe für Ketchup erhalten, doch ein düsterer Schleier legte sich langsam über meine Beziehung zu den Tomaten selbst. Jene freundlichen, milden, fernen Gewächshaustage waren für immer dahin, und die Dinger, die sich unverschämterweise immer noch als Tomaten maskierten, waren nicht mehr so wie früher. Sie waren sauer. Sie waren entweder ekelhaft matschig oder widersetzten sich voller Hohn dem Zugriff menschlicher Zähne. Manche waren lächerlich groß. Sie schmeckten nach gar nichts und schienen sich um diesen Mangel keinen Deut zu scheren. Sie wollten sich partout nicht locker unter die anderen Salatzutaten mischen lassen – waren wohl zu stolz, um sich gemeinsam mit der Farbe Grün blicken zu lassen. Eine hässlichere Form von Rassismus als die Salatdiskriminierung gibt es wohl kaum.

Ich wurde zum Abstinenzler und bin es bis heute geblieben (mit Ausnahme von Tomaten-Käse-Sandwiches, die ich sehr gerne mag, und Ketchup, wie schon erwähnt, und auch Tomatensuppe, meiner Lieblingssuppe überhaupt, und Tomatensalsa, die wunderbar zum Dippen ist – oh, und beinahe hätte ich getrocknete Tomaten vergessen, die hervorragend zu Oliven schmecken).

Diejenigen unter euch, die meinen Glauben an Gott nicht teilen, wird es vielleicht interessieren, dass ich, seit ich mit dem vorigen Absatz fertig geworden bin, mit meinem Freund Peter Ryder telefoniert habe, der mir, als er hörte, dass ich gerade über Tomaten schreibe, von seinem eigenen diesbezüglichen Damaskus-Erlebnis berichtete. Wobei Peter seine Offenbarung nicht buchstäblich auf der Straße nach Damaskus empfing, versteht ihr? Es war vielmehr die Straße nach Pocklington, dem kleinen Marktflecken am Fuß der Yorkshire Wolds, aber die Wirkung war ähnlich. Peter hielt an einer Parkbucht, um ein Sandwich zu essen, das seine Frau ihm zubereitet hatte. Beim Hineinbeißen trat er in eine duale Wirklichkeit ein, wie er es nennt. Er merkte, dass er Stücke einer Tomate im Mund hatte, einer Frucht oder Beere, die er bis dato nicht einmal mit der Zange angefasst hätte. Im selben Moment wurde ihm klar, dass er dieses Lebensmittel, von dem er geschworen hatte, es werde nie wieder das Gehege seiner Zähne durchqueren, nicht nur aß, sondern geradezu *genoss*.

Von nun an war sein Leben nie wieder so wie zuvor. Peter hörte auf, wider den Stachel zu löcken, und gab sich den Tomaten hin, besonders in Südfrankreich. War das Gott, oder war das Gott?

An der Sache mit den Orangen ist vor allem meine Frau schuld, muss ich leider sagen. Wir sind jetzt seit vierundvierzig

Jahren verheiratet, und unsere ansonsten glückliche Beziehung wurde lediglich von ihrer unerklärlichen Hartnäckigkeit überschattet, mir Orangen, Satsumas und Mandarinen zu verabreichen, die einfach nicht süß genug zum Verzehr waren. Ich falle immer wieder auf ihre verführerischen Lügen herein – jedes einzelne Mal.

„Komm schon, nimm doch wenigstens ein kleines Stück von dieser Orange. Wird dir bestimmt schmecken. Sie ist ganz saftig und süß."

„Das hast du letztes Mal auch gesagt, aber es stimmte gar nicht. Sie war total sauer und schmeckte scheußlich."

„Ja, aber die hier ist ganz anders. Ich sage dir – diese ist für *mich* schon fast zu süß."

„Nein, ich glaube, lieber nicht ..."

„Ach, komm schon, nur ein einziges, winzig kleines Stückchen. Steck's dir doch einfach in den Mund."

„Na schön, dann eben her damit ..."

„Und? Wie findest du sie?"

„Aargh!"

Ungenießbar wie immer. Musste sie ausspucken wie immer. Verraten und in die Irre geführt wie immer. Wohlgemerkt, eigentlich dürfte mich das gar nicht überraschen. Wir haben es hier mit einer Frau zu tun, die zum Vergnügen halbe Grapefruits verspeist. Ohne Zucker! (Ich habe das erst erfahren, nachdem wir uns vor Gott und dem Pfarrer das Eheversprechen gegeben hatten. Manche würden darin einen Annullierungsgrund sehen.) Sie versprach mir all diese Dinge, aber erwähnte mit keiner Silbe, dass allerhand Zitrusfrüchte niemals zwischen uns stehen würden.

Aber nun ja, wir haben uns in die Haare gekriegt, aber es hat alles auch sein Gutes. In einer Sache sind meine Frau und ich uns völlig einig. Er ist der Weinstock, wir sind die Reben. Und jede Rebe, die keine Frucht bringt, wird abgeschnitten und verbrannt. Also haben wir uns darauf geeinigt, dass Bridget für die geistlichen Pendants zu Tomaten, Orangen und allen anderen Zitrusfrüchten zuständig ist, während ich mich um Bananen, reife Birnen, Erdbeeren und andere süße, unaggressive Leckerbissen kümmere. Bisher scheint das zu funktionieren.

Vielen Dank übrigens an die Person, die diese Frage gestellt hat. Intellektuell und geistlich hast du damit die Latte ein ganzes Stück höher gelegt.

Jeff

Wenn du deine eigene christliche Denomination erfinden könntest, wie sähe die aus, und wie würdest du sie nennen?

Ich würde mir die Mühe sparen. Es gibt ja schon so viele Denominationen, und noch eine davon ist das Letzte, was die Welt braucht. Einigen Quellen zufolge gibt es auf der Welt derzeit zwischen dreißigtausend und vierzigtausend Denominationen. Sie unterscheiden sich zwar nicht alle in ihren Glaubensüberzeugungen (manche sind einfach nur nationale Organisationen oder unabhängige Gruppierungen), aber es ist immer noch erstaunlich, wie viele Leute irgendwann behauptet haben, sie hätten mehr recht als alle anderen, und sich deshalb gedrängt fühlten, rund um die einzigartigen Umrisse ihrer Korrektheit eine Organisation zu gründen.

Eine Koalition von Gruppen, Netzwerken und Denominationen allerdings, die früher unabhängig voneinander waren oder sich gar feindselig gegenüberstanden und nun in respektvoller Verschiedenheit gut zusammenarbeiten – nun, das wäre etwas, wobei ich liebend gern mitmachen würde. Und wenn es nur deshalb wäre, weil dadurch die Zahl der existierenden Denominationen nicht steigen, sondern geringer werden würde.

Wie würde ich diese neue Koalition nennen? Vielleicht käme das Wort „vereint" im Namen vor. Oder vielleicht auch nicht. Das gab es ja schon.

Jeff

Über wen ärgerst du dich?

Über zu viele Leute, muss ich leider sagen. Müsste ich mir jetzt gerade eine bestimmte Person aussuchen, dann wäre es wohl Katie Hopkins, die Kolumnistin der Zeitung *The Sun*, eine Besserwisserin mit scharfer Zunge und giftiger Feder, die jeden und alles nach Herzenslust kritisiert. Sie ist grausam, unglaublich bigott und offenbar der Ansicht, sie stehe für die öffentliche Meinung und fasse lediglich in Worte, was viele sich nicht zu sagen trauen, obwohl sie es tatsächlich denken. Falls sie recht hat und es stimmt, dass die meisten Leute tatsächlich so denken wie sie, wandere ich aus zum Mars. Kürzlich versprach sie, Großbritannien zu verlassen, falls eine bestimmte politische Partei an die Macht käme, womit sie vermutlich besagter Partei erhebliche Stimmengewinne verschafft hat. Sie zieht über Leute her, die übergewichtig, behindert oder arbeitslos sind, sie zetert über Kinder, die „gewöhnliche" Namen haben, Namen also, mit anderen Worten, die ihr nicht gefallen; sie wütet sogar über Flüchtlinge, die Asyl suchen, und brüstet sich damit, dass sie diese Leute mit einem Kanonenboot empfangen würde. Ich bete für sie, dass sie a) den Mund hält oder b) Jesus kennenlernt und dann entweder den Mund hält oder etwas Nettes sagt.

Aber es gibt da noch eine ziemlich nervige Person, die mir die Nackenhaare aufstehen lässt. Wenn ich über Katie Hopkins nachdenke, werde ich zu Katie Hopkins; ich habe Gedanken in Bezug auf sie, die grausam und bigott sind, und ich zetere und wüte – den Beweis dafür findest du im vorigen Absatz. Und in diesem Absatz habe ich dir auch gesagt, dass ich für sie bete. Das ist das, was man als Christ immer so sagt, aber ich tue es in Wirklichkeit nicht, obwohl ich es tun sollte.

Über wen ärgere ich mich also am meisten? Über mich.

Knifflige Frage

Jeff

Wenn du nur noch ein einziges Mal beten dürftest, worum würdest du bitten?

Wie gerne würde ich bei dieser Frage frivol werden, aber ich kann es nicht. Jedes Mal, wenn ich über eine witzige Antwort darauf nachdenke, kommen mir zwei Bilder in den Sinn.

Das erste ist das Bild jener Drogenschmuggler, die vor einigen Jahren in Indonesien durch ein Erschießungskommando hingerichtet wurden. Einige von ihnen (vielleicht sogar alle) waren Jesusnachfolger geworden, und es wird berichtet, dass sie ihm Lob sangen, als sie zu ihrer Hinrichtungsstätte geführt wurden. Und das andere ist das Bild jener etwa zwanzig koptischen Christen, die an einem sonnigen Strand von ein paar verpixelten IS-Schergen auf die Knie gezwungen und dann enthauptet wurden. Auch sie sollen dabei gesungen haben.

Deshalb würde ich vielleicht mein eines verbliebenes Gebet in ein Lied fassen.

Aber wie würde der Text lauten? Wäre er ein einfacher Ausdruck des Dankes, ein Segensgebet für meine wunderbare Familie oder ein letzter Versuch, Buße zu tun für meine Unzulänglichkeiten?

Wenn ich darüber nachdenke, kommt mir Jesus mit seinem letzten Gebet in den Sinn. „Vater, ich befehle meinen Geist in deine Hände." Was für ein besseres Gebet könnte man im letzten Moment sprechen, oder überhaupt in irgendeinem Moment?

Das Gebet bestätigt mich in meiner Überzeugung, wer Gott ist und wie ich zu ihm stehen darf. Vater. Nicht nur irgendein alter Vater. Jesus hat nie gelehrt, dass Gott buchstäblich unser Papa wäre, was für all diejenigen eine Erleichterung ist, die unter den Händen des Mannes, dem sie rückhaltlos vertrauen zu können glaubten, Unsägliches erlitten haben. Sondern er lehrte, Gott sei ein Vater, wie wir ihn nie gekannt haben, ganz anders als irdische Väter, die selbst im besten Fall böse sind in dem Sinne, dass sie den Makel der Sünde in sich tragen.

Und dann: „Ich befehle meinen Geist in deine Hände."

Mit anderen Worten, ich habe getan, was ich konnte, und jetzt liegt es an dir, Gott. In diesem Fall freilich konnte Jesus tatsächlich sagen, dass er alles getan hatte, wozu er gesandt worden war. Du und ich, wir würden eher sagen, dass wir getan haben, was wir konnten, wenn auch leider manchmal nicht alles, was wir konnten. Aber jetzt liegt es an dir, nicht an einem unpersönlichen Gott, sondern unserem Vater. Du bist vertrauenswürdig. Deine Hände sind erfahren und treu. Ich kann mich jetzt dem überlassen, was vor mir liegt; sei es Leben oder Tod, ich falle in deine Arme.

Vielleicht war es das, was jene Männer in den orangefarbenen Overalls an einem sonnigen, höllischen Strand oder jene ehemaligen Drogenschmuggler in Indonesien in ihren Liedern ausdrückten. Jetzt liegt es an dir, Gott.

Adrian

Wie kann ich mich gefahrlos durch das Minenfeld der verschiedenen Lehren und Denkweisen im Christentum bewegen?

Natürlich haben echte Minenfelder nichts an sich, was auch nur annähernd lustig wäre, aber die Verwendung ausgerechnet dieser Metapher in dieser Frage ließ mich schmunzeln. Die Vorstellung, dass jede Berührung mit irgendeiner Lehre oder Denkweise unweigerlich zur geistlichen Vernichtung führen müsse, ist vielleicht doch eine Spur zu pessimistisch. Vielleicht wollte der Fragesteller damit ja auch sagen, dass es gewisse geistlich besonders raffinierte Minen gibt, die auf eine nützliche Art und Weise explodieren. Da ist vielleicht etwas Wahres dran.

Nichtsdestoweniger weiß ich genau, worauf er oder sie hinauswill. Politik und Religion haben gemeinsam, dass sie beide weit entfernt von exakten Wissenschaften sind, wenn es auch reichlich Leute gibt, die davon überzeugt sind, dass sie genau das sein sollten. Deshalb hat der Präsentationsstil von Leuten, die eine Ansicht vertreten, die nicht durch solche Alltagsbanalitäten wie Fakten und Beweise gestützt werden kann, fast immer etwas Einschüchterndes an sich.

Ich muss sagen, dass mir wohl schon jede Untervariante eines solchen Stils begegnet ist. Man kann brüllen. Man kann mit kräftigem Nachdruck sprechen, begleitet von langen, bedeutungsschwangeren Pausen. Dann gibt es diese schmalzige Redeweise, vorgetragen mit einem feuchten, humorlosen Lächeln, das in mir immer den Drang weckt, aus dem Saal zu rennen und irgendwo eine nette, offensichtliche Sünde zu begehen. Es gibt den Evangelisationsstil, der sich an der Holländischen Auktion orientiert, indem der Redner den Preis des Heils immer weiter herabsenkt, bis seine Zuhörer auf der äußersten Stuhlkante balancieren wie Windhunde, die ungeduldig darauf warten, aus ihren Startblöcken hervorzupreschen. Dann gibt es auch Leute, die so vorgehen, als wäre der Heilige Geist in einer Art Hochtank irgendwo oben auf dem Dachboden ihrer Köpfe enthalten. Solche Redner müssen dann hin und wieder eine bedeutsame Pause einlegen, wenn ihnen die geistliche Kraft ausgeht und sie auf Nachschub warten müssen.

Ich könnte so weitermachen, aber ich habe zu viel Spaß daran. Stattdessen möchte ich lieber erwähnen, wie Jesus es anstellte, vom Glauben zu reden. Ich muss euch allerdings warnen, dass es ihm beklagenswert an guter, solider Lehre mangelte, wenn er zu gewöhnlichen Leuten sprach. Trotzdem lohnt sich vielleicht ein kleiner Blick auf seine bevorzugte Methode.

Er erzählte Geschichten. Kurze Gleichnisse, die anhand von vertrauten Situationen eine moralische oder religiöse Aussage transportierten. Er erzeugte einen Raum in der Vorstellungskraft, in dem sich seine Zuhörer frei bewegen, alle Möglichkeiten betrachten und selbst überlegen konnten, wo der beste Landeplatz für ihre Gedanken war. Die Leute hatten nicht nur Freude an den Geschichten, die Jesus erzählte, sie fanden Nahrung in den Früchten, die aus diesen erzählerischen Ranken wuchsen.

Wie viel von der Verkündigung Jesu bestand aus Gleichnissen? Ein kleiner Teil? Zehn Prozent? Zwanzig? Einen Hinweis gibt uns das dreizehnte Kapitel des Matthäusevangeliums (Verse 34-35):

Das alles redete Jesus in Gleichnissen zu dem Volk, und ohne Gleichnisse redete er nichts zu ihnen, auf dass erfüllt würde, was gesagt ist durch den Propheten, der da spricht (Psalm 78,2): „Ich will meinen Mund auftun in Gleichnissen und will aussprechen, was verborgen war vom Anfang der Welt an."

Außerdem forderte Jesus seine Zuhörer auf, die Kosten sorgfältig zu überschlagen, bevor sie sich aufmachten, ihm nachzufolgen. Mit anderen Worten, sein Ziel war nicht, um gedankenlose Zustimmung zu werben, sondern gesunde Entscheidungen zu ermöglichen. Ich glaube, dass das echte Wirken des Heiligen Geistes uns nie einmauert. Es macht uns offen für neue Möglichkeiten und Denkweisen. Es erlaubt uns, die wirklichen Veränderungen, die in uns vorgehen, zu erkennen und uns zu eigen zu machen. Es ist das Produkt eines schöpferischen Geistes, eines Geistes, der Geschichten liebt und gerne sieht, wie sie ihre Hörer in Bewegung setzen und erfreuen.

Hört sich nicht nach einem Minenfeld an, oder?

Jemand hat mir erzählt, Gott habe in seiner Gemeinde während der Gottesdienste den Leuten Goldfüllungen für ihre Zähne geschenkt. Was hältst du davon?

Mich verwirrt das. Tut mir leid, aber ich verstehe einfach nicht, warum Gott irgendjemandem Goldfüllungen für seine Zähne geben sollte, falls er nicht gerade einen dental überschwänglichen Rapper segnen will, für den es ein Fashion Statement ist, seine Sammlung goldener Backenzähne blinken zu lassen. Gott hat es so eingerichtet, dass Zähne aus Zahnschmelz und Dentin bestehen.

Warum sollte er also den Leuten nicht einfach neue Zähne schenken anstatt goldenen Ersatz? Kommt mir etwa so vor, als würde er einer Person im Rollstuhl einen Satz neue Reifen schenken ...

Adrian

Beruht dein Sohn Gerald in den Tagebüchern auf einer realen Person?

Bekäme ich ein Pfund für jedes Mal, wo mir diese Frage in den letzten dreißig Jahren gestellt wurde, so könnte ich einen von David Beckhams Haarschnitten davon bezahlen. Die Antwort ist, wie immer, ja und nein. Ja, er beruhte auf einer realen Person, und diese reale Person war ich. Als ich das erste *Tagebuch* schrieb, brauchte ich einen Freigeist, der all die (relativ) ungeheuerlichen Dinge sagen konnte, die mir durch den Kopf gingen. Indem ich den siebzehnjährigen Gerald erschuf, löste ich dieses Problem. Geralds erfrischend ungehemmte Lebenseinstellung ermöglichte es mir, ein paar Fenster aufzustoßen, die lange nicht benutzt und dadurch rostig geworden waren, und ein bisschen frische Luft in eine christliche Welt einzulassen, in der es mir damals viel zu stickig geworden war.

Matthew, mein lieber ältester Sohn, war zwölf, als das erste *Tagebuch* 1987 erschien, und obwohl er im Lauf der Jahre Gerald immer ähnlicher wurde, war er eindeutig nicht die ursprüngliche Inspiration für meinen fiktiven Sprössling. Matt ging es mit der Zeit ziemlich auf die Nerven, dass ihn die Leute immer fragten, ob Gerald sein Alter Ego sei. Das führte schließlich dazu, dass ein unternehmungslustiger Mensch ihm eines Tages ein T-Shirt schickte, das auf der Vorderseite mit „NENNT MICH MATTHEW, DENN ..." beschriftet war und auf der Rückseite mit „ICH HEISSE NICHT GERALD". Getragen hat er es nicht oft, glaube ich. Kein Wunder, wenn man bedenkt, welche Verwirrung diese seltsame und überflüssige Aussage außerhalb der winzigen Welt der christlichen Bücher wohl ausgelöst hätte.

Noch ein interessanter Aspekt an meinem imaginären Sohn war, dass es eine ganze Menge junger Mädchen gab, die unbedingt wissen wollten, ob er eine Freundin hatte. Gerald hätte ein äußerst aktives soziales Leben führen können, wäre er nur so schlau gewesen, zu existieren.

Das letzte *Tagebuch*, in dem „Adrian" die Aufgabe hat, eine Gemeindefreizeit zu organisieren, macht uns mit Geralds Frau Josie und ihrem jugendlichen Sohn Cameron bekannt, einem jungen Mann, der die Verrücktheit seines Vaters auf neue Höhen führt – oder in neue Tiefen, je nachdem, wie man es betrachtet.

Also – tut mir leid, Mädels, es ist zu spät. Und überhaupt, ihr seid ja jetzt selbst erwachsen und habt wahrscheinlich eure eigenen Kinder. Aber es ist schon gut so. Josie existiert ja auch nicht. Die beiden passen also prima zusammen.

Was ist das beste Pub, das du je besucht hast?

Ich liebe mein Pub bei uns im Ort: „The Bridge" in Amberley. Es gibt Harvey's Sussex Best (den Nektar des Himmels) vom Fass, das Essen ist gut, aber vor allem fühlt man sich dort immer willkommen. Nur hundert Meter von mir gibt es ein anderes Pub, aber da gehe ich nicht gerne hin, denn obwohl das Essen dort hervorragend ist, ist die Atmosphäre meistens lauwarm (und gelegentlich regelrecht frostig). Wenn ich ins „Bridge" gehe, werde ich oft mit Namen begrüßt. Dave und Tash, die das Pub betreiben, geben sich große Mühe, ein richtiges Gemeinschaftsgefühl aufzubauen. Genauso sollte ein Pub sein, und deshalb wurde es auch kürzlich zum „West Sussex Pub of the Year" gekrönt. Ein wohlverdienter Preis.

Wobei ich allerdings einmal ein ziemlich peinliches Erlebnis im „Bridge" hatte. Ich kam mit einem Mann aus der Nachbarschaft ins Gespräch und erzählte ihm, wo ich wohne, nämlich in einem Apartment in einem großen Gutshaus in einem Dorf in der Nähe.

„Ich habe gehört, da ist jetzt ein Typ eingezogen, der viel Zeit in Amerika verbringt", warf er daraufhin ein. „Anscheinend so was wie eine Berühmtheit auf seinem Gebiet. Schreibt Bücher. Aber keiner weiß wirklich was über ihn und seine Frau. Kennen Sie den vielleicht?"

Ich überlegte, was ich darauf antworten sollte, und gestand ihm schließlich, ich sei möglicherweise derjenige, von dem er sprach. Ein bisschen peinlich war das schon, zumal er mich als „so was wie eine Berühmtheit" bezeichnet hatte. Manche Leute kennen meinen Namen von meinen Vorträgen und Büchern her, aber wir bewegen uns ja in der christlichen Welt, und berühmt sein heißt da nicht sosehr, ein kleiner Fisch in einem großen Teich zu sein, sondern eher ein winziger Goldfisch in einem von diesen Plastikbeuteln zu sein, die man manchmal auf einem Jahrmarkt sieht.

Er lief rot an und sagte einfach nur: „Oh Scheiße!"

Jeff

Jeff, was sind Herausforderungen für dich persönlich als christlicher Leiter?

Ich zögere, darauf zu antworten, einfach weil ich es als ein großes Vorrecht empfinde, das tun zu können, was ich tue. Gerade heute schickte mir jemand eine nette SMS und schrieb, es müsse wunderbar sein, den Menschen Hoffnung, Freude und Glauben bringen zu können. Das stimmt absolut, auch wenn es mich oft überrascht, dass das durch meine fehlerhaften Bemühungen geschieht. Und mein Leben war bisher ein unglaubliches Abenteuer – ich durfte die Welt bereisen und viele beeindruckende Leute kennenlernen. In vieler Hinsicht kann ich mich absolut nicht beklagen.

Hin und wieder muss ich zu Radioaufzeichnungen in die Londoner Innenstadt. Wenn ich dann in die überfüllte U-Bahn steige und in der sengenden Hitze dieses Viehtransporters, der ein Albtraum in Sachen Gesundheit und Sicherheit ist, irgendeinem wildfremden Menschen in die Achselhöhlen starre, erinnere ich mich daran, wie ich selbst früher jeden Tag zwei Stunden in die Stadt pendeln musste. Mir wird klar, dass die meisten dieser Leute diese Rosskur jeden Tag durchmachen, manche von ihnen während vier Jahrzehnten ihres Lebens. Und das sind nur diejenigen, die das Glück haben, einen Job zu haben. Um das also klar zu sagen: Alles, was ich zu meckern haben könnte, muss man vor diesem Hintergrund betrachten.

Aber da du danach fragst, will ich ein paar kleine Herausforderungen erwähnen.

Genau wie jeder andere christliche Leiter auch investiere ich in das Unsichtbare. Gelegentlich bin ich neidisch auf Leute, die am Ende einer Woche sagen können, dass sie an der Montage von tausend Autos mitgewirkt, ihr Umsatzziel erreicht oder elf Hausfinanzierungen auf die Beine gestellt haben. Sie können für ihre Bemühungen greifbare, messbare Resultate vorweisen. Ich verbringe eine Menge Zeit mit Predigen, einer Aktivität, die, wie Jesus sagte, ein bisschen so ist, als ob man säckeweise Samen überall in der Gegend verstreut, in der Hoffnung, dass sie sich setzen, Wurzeln schlagen und schließlich Frucht hervorbringen. Man hofft, dass es irgendjemandem hilft, dass irgendjemand einen kleinen Anstoß in Richtung Glauben bekommt. Doch selbst wenn jemand eine sichtbare Reaktion zeigt, indem er etwa am Ende des Gottesdienstes nach vorn kommt, um für sich beten zu lassen, oder eine Hand hebt, um seinen Wunsch anzuzeigen, das Gehörte in die Tat umzusetzen, gibt es keine Garantie, dass die in diesem Moment getroffenen guten Entscheidungen auch halten werden. Und jeder in einer christlichen Leitungsrolle weiß, wie furchtbar es ist, wenn man viel in jemanden investiert hat und dann erleben muss, wie die Person sich von Gott, von einem selbst oder von beiden abwendet.

Das ist einer der Gründe, warum ich sehr vorsichtig damit sein muss, die Leute am Ende einer Predigt um irgendeine Reaktion zu bitten, weil ich nicht immer genau weiß, ob solche Appelle oder „Rufe nach vorn" eigentlich den Zuhörern dienen oder nur für die persönliche Bestätigung des Predigers gut sind, der unbedingt ein selbstrechtfertigendes „Ergebnis" haben will. Deshalb kann es manchmal schwierig sein, mit ungreifbaren und unsichtbaren Dingen zu arbeiten.

Jeff

Findest du den Gedanken der Dreieinigkeit schwer zu erklären?

Sogar völlig unmöglich. All die Analogien mit Feuer, Eis und Wasser, dreiblättrigem Klee und so weiter helfen mir auch nicht viel weiter. Manche Elemente des christlichen Glaubens sind mir, ehrlich gesagt, ein Rätsel, und eines davon ist die Dreieinigkeit. Ein anderes ist der Gedanke, dass Jesus, der ewige Sohn Gottes, der schon immer war, sich in ein winziges Pünktchen im Schoß einer jungen Frau verwandelt. So eine Vorstellung will einem einfach nicht in den Kopf. Aber ohne allzu unbekümmert zu klingen – es ist völlig in Ordnung, wenn wir verwirrt sind. Schließlich reden wir hier über Gott.

Adrian

Wie können wir Gott und den Himmel und das alles verstehen, wenn wir ihm doch nie begegnet oder an dem Ort gewesen sind, wo er lebt?

Ich lege es ja nicht bewusst darauf an, Leute zu ärgern, aber ... das heißt, eigentlich stimmt das nicht. Manchmal lege ich es durchaus bewusst darauf an, Leute zu ärgern, aber nie in dem Maße, wie Jesus es tat, und nur aus den lautersten Motiven. Um ehrlich zu sein, das stimmt so auch nicht ganz. Es ist auch schon vorgekommen, dass meine Motivation ein bisschen suspekt war. Okay, na schön, fangen wir noch mal von vorne an.

Bei einer dieser Gelegenheiten, als ich es nicht bewusst darauf anlegte, irgendjemanden zu ärgern, brachte ich es fertig, einen Mann, der in Nordamerika ein christliches Heilungszentrum betreibt, ziemlich vor den Kopf zu stoßen. Ich stellte ihm eine Frage über seine veröffentlichte Schilderung der erstaunlichen Dinge, die dort passiert waren.

„Ich bin immer begeistert, wenn ich lese, dass Leuten von Gott geholfen wird", sagte ich, „aber ich war ziemlich verblüfft darüber, wie Gott selbst in dem Buch beschrieben wird. Was seine Persönlichkeit angeht, fand ich, dass er ziemlich langweilig und charakterlos rüberkommt. Was meinen Sie?"

Bisweilen ist es ausgesprochen unbequem, Christ zu sein. Der arme Kerl erstarrte sichtlich, aber auf seinem Gesicht durften die rotierenden Zahnräder seiner erlösten Irritation keine Wirkung zeigen.

„Ich glaube, die meisten Leute, die es gelesen haben, haben das Gegenteil empfunden", sagte er, während er sich zähneknirschend ein Lächeln abrang. „Immerhin ist es ja voller Geschichten davon, wie Gott Menschen gesegnet hat. Wenn das keine Persönlichkeit ist, was dann?"

„Na ja, genau das meine ich eigentlich. Wir wissen – oder wir hoffen zu wissen –, dass Gott Menschen segnet, aber das ist noch nicht unbedingt sehr spezifisch, oder? Ich meine, meine Mutter war ein sehr liebevoller Mensch, aber das sind ja sehr viele andere Leute auch. Nur anhand dieser Information hätte man meine Mutter nicht aus einer Schar von Leuten herauspicken können, nicht wahr?"

Von da an nahm das Gespräch keinen sehr ergiebigen Verlauf. Ich hatte das Gefühl, er und ich sprachen verschiedene Sprachen.

Das passiert mir ziemlich oft.

Ich habe auf verschiedenste Weise und mit sehr unterschiedlichem Erfolg (was immer das heißt) versucht, Gottes Natur auf die Spur zu kommen, aber es gibt da einen Gedanken, der mich ganz besonders anspricht. Ich würde sehr gern ein Buch über einen Junior-Engel schreiben, dessen erste wichtige Aufgabe darin besteht, Gott jeden Morgen ein Exemplar der *Times* zu bringen. Verrückte Idee? Ja, aber sie bietet faszinierende Möglichkeiten. Das Buch könnte *Brief eines Engels* heißen oder irgendetwas ähnlich Originelles, und es könnte folgendermaßen anfangen:

Briefe eines Engels

Diese Woche fiel mir im Zuge meiner Tätigkeit als Testamentsvollstrecker eines Freundes ein Stapel Papiere in die Hände, bei denen es sich augenscheinlich um Briefe einer Art Junior-Engel handelt, geschrieben – nun ja, im Himmel, nehme ich an. Natürlich wäre es absurd, davon auszugehen, dass an der Sache irgendetwas dran ist, aber die Stichproben, die zu lesen ich Zeit fand, waren sehr interessant. Vielleicht hatte mein Freund vor, sie eines Tages als Buch zu veröffentlichen. Er war nämlich Schriftsteller. Hier also ist die jüngste dieser Verlautbarungen. Sie bezieht sich auf eine Angelegenheit, die erst vor ein paar Wochen durch die Nachrichten ging. Ich hoffe, es interessiert Sie.

Lieber George,

ich hoffe, es geht dir gut. Ich dachte mir, vielleicht würdest du gern von einer traurigen und doch schönen Sache hören, die hier im Himmel vor einigen Wochen passiert ist. Übrigens, du vergisst doch nicht, was du mir versprochen hast, oder? Was irgendjemanden sonst auf Erden oder im Himmel betrifft, gibt es mich nicht. Du hast mich erfunden. Und nichts von dem, wovon ich schreibe, hat wirklich stattgefunden. Danke. Ich verlasse mich auf dich.

Also, zu diesem Ereignis. Wie ich dir schon erzählt habe, besteht mein erster richtiger Job hier oben darin, Gott jeden Morgen ein Exemplar der *Times* zu bringen, das er sich bei einem Kaffee mit Schuss zu Gemüte führt. Okay, okay, ich sehe schon deine Fragen wie blaue Bläschen vom dritten Planeten emporschweben. Trinkt Gott wirklich Kaffee? Warum macht er sich die Mühe, eine Zeitung zu lesen, wenn er doch sowieso schon alles weiß? Gibt es im Himmel wirklich einen Morgen? Wie ist das möglich, wenn doch Gott niemals schläft?

Ich verstehe, wie verwirrend das alles ist. Für mich waren meine ersten Ausflüge in deine Welt damals ebenso irritierend. Vielleicht hilft es, wenn ich ein paar Dinge erkläre. Erstens hat Gott eine ausgesprochene Vorliebe für die Erde. Das war schon immer so. Er liebt Marmite. Ist ganz verrückt auf Fred Astaire und Ginger Rogers. Schwärmt für Kängurubabys. Träumt davon, mit den Delphinen zu schwimmen. Hält sich für so etwas wie einen Meisterkoch, besonders, wenn es Fisch gibt. Lauter solche Sachen. An ihm ist ein Erdling verlorengegangen, könnte man sagen – aber bitte nicht zu laut. Das andere ist, dass er in der Lage ist, sich an all diesen erwähnten Erlebnissen zu erfreuen, wenn er will. Immerhin ist er ja Gott. Mag sein, dass er alles weiß und allmächtig ist, aber wenn er Lust hat, seine Allmacht und Allwissenheit beiseitezulegen, während er gemütlich seine Zeitung liest, dann kann er das. Innerhalb dieser kleinen zeitweiligen Kapsel fürs Kaffeetrinken und Kreuzworträtsel-Lösen kann er so begrenzt und menschlich sein, wie er will. Schlafen? Morgens aufstehen?

Die Essenz all dieser Dinge lässt sich leicht arrangieren, wenn man derjenige ist, der sie überhaupt erst geschaffen und, nebenbei bemerkt, beides auch dreiunddreißig Jahre lang jeden Tag erlebt hat.

An diesem betreffenden Morgen jedenfalls fiel mein Blick zufällig auf die Zeitung, gerade bevor ich sie neben Gott auf den Tisch legte. Ein Absatz auf der Titelseite sprang mir ins Auge. So beiläufig wie möglich klemmte ich mir die Zeitung wieder unter den Arm.

„Das willst du bestimmt nicht lesen", sagte ich und bemühte mich um einen möglichst unbekümmerten Tonfall. „Heute steht nicht viel drin. Alles alte Kamellen. Total langweilig. Ich gehe lieber wieder und gebe sie in der Engelskantine ab, ja?" „In der Engelskantine?", sagte er und hob die Augenbrauen. „Du weißt doch, wie gern ich zu meinem Kaffee die *Times* lese." Er tippte mit dem Zeigefinger neben sich auf den Tisch. „Leg sie da hin, mein Junge. Wag es ja nicht, mir meine Zeitung wegzunehmen."

Ich tat wie mir geheißen. Schließlich ist er Gott. Aber ich drückte mich in der Nähe der Tür herum und wartete. Zwei Minuten später brach er das Schweigen.

„Oh nein ..." Seine Stimme klang weich vor Enttäuschung. „Oje. Wie schade. Wie furchtbar schade. Das macht mich wirklich traurig."

Ich kann es einfach nicht ertragen, Gott unglücklich zu sehen. Das kann keiner von uns. Er ist ehrfurchtgebietend, klar, aber er ist auch sehr nett dabei.

„Die Pfadfinderinnen?", fragte ich betreten.

Er nickte langsam.

„Ja. Weißt du, mir ist klar, dass sie es nicht immer so meinen, und viele von ihnen ändern ja auch später ihre Meinung, wenn sie älter werden – müssen sie ja auch, nicht wahr? Aber ich war immer so dankbar für die Stelle, wo sie versprechen, mich zu lieben. Ich finde das wunderbar. Es steigt zu mir auf wie ein ganz feiner Duft. Köstlich. Beruhigend. Wunderbar. Geradezu – himmlisch, um es rundheraus zu sagen."

Er hob eine Hand, wie, um eine Bemerkung abzuwehren.

„Und klar, ich kenne all die Argumente. Die Kinder kommen aus immer unterschiedlicheren Hintergründen. Aus allen möglichen Religionen oder gar keiner. Ich verstehe vollkommen, dass man gerne alle mit einschließen möchte. Ganz unter uns, wenn ich imstande wäre, in Versuchung zu geraten, würde ich vielleicht sogar selbst Universalist werden. Ich glaube, was mir unter anderem Sorgen macht, ist, dass das neue Pfadfinderinnen-Versprechen dem Trend folgt, die Selbsterziehung und -entwicklung zu betonen. Hier in dem Artikel steht, dass es jetzt statt ‚Ich verspreche, meinen Gott zu lieben' heißt: ‚Ich verspreche, mir selbst treu zu sein und meine Talente zu entwickeln.' Daran ist ja an sich überhaupt nichts verkehrt, aber es ist nun einmal so, dass ich tatsächlich existiere und mich tatsächlich für sie interessiere. Ich habe immer gehofft, dass diese beiden Tatsachen ein Teil ihres Lebens werden würden, wenn sie heranwachsen."

Er lehnte sich zurück und starrte zur Decke empor.

„Aber hauptsächlich, wie gesagt, werde ich es vermissen, zu hören, wie sie mit ihren jungen, begeisterten Stimmen versprechen, ihren Gott zu lieben. Trotzdem, mein Versprechen werde ich immer halten. Ich werde sie immer lieben."

Ich spürte, dass es für mich Zeit war, zu gehen. Während ich mich leise aus dem Zimmer schlich, konnte ich nicht anders, als die große Träne zu bemerken, die über Gottes Wange rollte und mit einem winzigen Platschen in seinem unberührten Kaffee landete.

Ich kann mir denken,
warum du danach fragst

Jeff

Kann ich Christ sein, wenn ich immer noch Zweifel habe, ob Gott existiert?

Ich weiß nicht genau, ob du ein echter Christ sein kannst, wenn du *niemals* den Gedanken hast, dass es Gott vielleicht gar nicht gibt, aus dem einfachen Grund, weil der christliche Glaube genau das ist, wonach er sich anhört – ein Glaube. Vielleicht ist das eine Übertreibung, denn mir sind schon ein paar Leute begegnet, die sagen, sie hätten niemals Zweifel, und ich will ihre Aufrichtigkeit oder Integrität nicht infrage stellen – ehrlich gesagt, ich bin sogar ziemlich neidisch auf sie. Aber bei den meisten von uns gewöhnlichen Sterblichen ist es, glaube ich, genauso normal wie das Atmen, dass wir Momente oder Phasen des Zweifels haben.

Der Glaube sagt, dass wir eines Tages Jesus sehen werden – nach dem Tod oder wenn er wiederkommt. Bis dahin aber nicht. Wenn wir also Zweifel erleben, ist das ganz einfach ein Zeichen dafür, dass wir noch nicht ganz tot sind.

Adrian

Wo sind all die heißen christlichen Männer?

Ganz einfach. Sie haben geheiratet, sind älter geworden und sind jetzt in ihren Sechzigern und eifrig damit beschäftigt, unzulängliche Antworten auf qualvolle Fragen einsamer junger Christinnen zu schreiben.

Spaß beiseite. Ich war nie mehr als lauwarm, geschweige denn „heiß". Allerdings gab es da einen denkwürdigen Moment, als meine Frau Bridget bei einer Veranstaltung vor vollem Haus eintraf und versuchte, die Leute darüber zu informieren, dass ich hohes Fieber hatte und zu Hause bleiben würde.

„Adrian ist ganz heiß im Bett", verkündete sie unbekümmert.

Es muss die Anwesenden ein wenig überrascht haben, dass sie ganz von sich aus und unaufgefordert diese Information weitergab, aber ich glaube, sie handelte sich damit einen kräftigen Applaus ein – genau weiß ich es allerdings nicht.

Aber ernsthaft, ich bin schon einigen Christen jeden Alters begegnet, die sich verzweifelt einen Menschen wünschten, mit dem sie ihr Leben teilen konnten, und ich fühle sehr mit ihnen. Nach vierundvierzig Jahren Ehe voller Höhen und Tiefen kann ich mich nicht einmal mehr daran erinnern, wie es sich anfühlt, Single zu sein. Unser Leben war immer von gegenseitiger Unterstützung, gemeinsamen Interessen, gelegentlichen katastrophalen Krächen und regelmäßigen Wiederholungen vertrauter alter Auseinandersetzungen gekennzeichnet, die eher so etwas wie altbekannte Melodien sind als ernsthafte Meinungsverschiedenheiten. Entscheidend ist auch, dass wir nie wirklich so weit gegangen sind, uns gegenseitig umzubringen. Das ist eine häufig unterschätzte, aber wesentliche Komponente einer erfolgreichen Ehe.

Für alleinstehende Christen, mit denen ich mich unterhalten habe und die unbedingt „alles richtig machen" wollen, gibt es mehrere immer wiederkehrende Probleme. Eines davon sind unnütze Ratschläge von Leuten, deren Lebenszweck darin zu bestehen scheint, einem Gott ins Handwerk zu pfuschen, der niemals den Anschein erwecken darf, zu versagen. Ist es nicht eine Ironie, dass das fieberhafte, oftmals angstgesteuerte Verlangen, eine mangelhafte Gottheit zu verteidigen, oftmals große Schuldgefühle und Verwirrung bei Leuten auslöst, die eigentlich Hilfe und Verständnis von einem Gott brauchen – der in Wirklichkeit ebenso pragmatisch und realistisch wie liebevoll ist?

Ein häufiges Beispiel ist die Plattitüde „Seine Gnade ist genug für dich". Mit anderen Worten: Macht doch nichts, wenn du Single bist, du hast doch Jesus. Das ist eine Anspielung auf die Stelle im zweiten Korintherbrief, wo Paulus von dem Stachel in seinem Fleisch spricht und erklärt, Gott habe beschlossen, das Problem seines Dieners nicht wegzunehmen, weil diese Schwäche, was auch immer es für eine war (wüssten wir das nicht alle gern – na ja, ich jedenfalls!), die Kraft Gottes umso deutlicher machen werde. *Darum* ging es, und es hat überhaupt keinen Sinn, mit einem exegetischen Bagger aufzutauchen und mit der großen Schaufel einen wahllosen Haufen Schutt über ein Thema zu häufen, für das er nicht die geringste Relevanz hat. Jesus war ein Pragmatiker. Er mag Gott gewesen sein, aber dumm war er nicht.

Wir alle brauchen Menschen, die uns nahe sind. Sogar Jesus selbst. Ich auf jeden Fall. Ich bin nur sehr, sehr wenigen Leuten begegnet, die lieber allein sind. Und wenn ihr einen klaren Hinweis darauf haben wollt, wie Gott das empfindet, dann denkt mal über die Tatsache nach, dass Jesus sich mitten in den psychischen und körperlichen Qualen seiner Kreuzigung ein paar Momente Zeit nahm, um die häuslichen Verhältnisse seiner Mutter zu regeln. Sie brauchte jemanden, der sich um sie kümmern würde. Gnade an sich war eben nicht genug, sondern die praktischen Auswirkungen der Gnade waren es. So ist das mit der Gnade. Sie schwebt nicht in der Luft herum wie ein Luftballon, der sich von der Schnur gelöst hat, und ist einfach nur sie selbst. Sie ist immer dabei, etwas zu tun.

Wenn du allein glücklich bist, okay. Wenn aber nicht, dann sprich ganz offen mit Gott darüber, wonach dein Herz verlangt. Verstehen wird er dich auf jeden Fall, und vielleicht hat er sogar etwas für dich in petto.

Ein anderes häufiges Problem ergibt sich aus der Frage, ob Gott für jeden seiner Anhänger einen ganz bestimmten Partner oder eine ganz bestimmte Partnerin ausgesucht hat. Ich kann wirklich nicht so tun, als wüsste ich die Antwort auf diese Frage, aber ich bin mir sicher, dass es uns ganz und gar nicht guttut, wenn wir uns fieberhaft Sorgen darum machen, wir könnten womöglich etwas falsch machen. Jemand sagte einmal, wir sollten beten, als ob nur das Beten hülfe, und arbeiten, als ob von unserer Arbeit alles abhinge. Ich glaube, dasselbe Prinzip gilt vielleicht auch für die Suche nach dem idealen, von Gott für dich ausgesuchten Ehepartner. Bete weiter, dass du es nicht vermasselst, und dann mach dich auf und triff Leute und genieße die Aussicht, einen wunderbaren Menschen kennenzulernen. Vielleicht schreibt dir ja der stets einfallsreiche Heilige Geist eine Botschaft an den Himmel, aber klare Führung scheint ein rares Gut zu sein (abgesehen von unserem ebenso beliebten wie ermüdenden Hang, jeden beliebigen Zufall zu einem Eingreifen Gottes hochzustilisieren).

Auf jeden Fall ist es mit dem Heiraten fast so, wie wenn man ein Haus kauft. Man weiß nicht wirklich, worauf man sich da einlässt, bis man eingezogen ist, und wie man es instand hält, kann man nur nach und nach lernen. Menschlicher Optimismus kann, sei es in der Welt oder in der Gemeinde, etwas sehr Tröstliches sein. Doch wenn es ernst wird, so entdecken die meisten von uns, ist die Wahrheit unvorhersehbar und herausfordernd. Die Ehe kann uns mehr abverlangen, aber auch lohnender sein, als wir es uns vielleicht vorgestellt haben.

Und dann ist da ja noch der Sex. Der gute alte Sex. Diese allgegenwärtige, ständig ablenkende, einem nicht zugerittenen Pferd gleichende Aktivität.

Von meinen jüngeren christlichen Freunden wird mir glaubhaft versichert, dass diese ganze Sache, dass man sich für die Person aufspart, die man schließlich heiratet, allmählich ihre zwingende Kraft verliert, auch unter denen, die ihre Hände heben und sich öffentlich zu diesem Grundsatz bekennen. Natürlich gibt es viele junge Leute, die fest entschlossen sind, keine sexuelle Beziehung einzugehen, bevor sie heiraten, und ich nehme nur zu gern das dröhnende Gelächter in Kauf, mit dem die Welt meine Ansicht quittieren wird, dass diese jungen Leute den Kopf richtig herum aufgeschraubt haben und man sie in ihren Absichten unterstützen und bestärken sollte.

Ja, ich weiß, wie schwierig das für Leute jeden Alters in unserem heutigen gesellschaftlichen Klima ist. Und ja, ich weiß auch, dass es bei diesem Thema viel Heuchelei in der Gemeinde gibt. Aber auch ja – ich weiß, dass wir hier im Wesentlichen nicht davon reden, dass Leute böse oder räuberisch sind. Schließlich, ja, mir ist wohl bewusst, dass wir, die wir zu dem ängstlichen Stamm der christlichen Eltern gehören, in der Vergangenheit so manches ziemlich fadenscheinige Argument aufgefahren haben in unserem panischen Bestreben, Würstchen grillende, Kirchenlieder singende Jungfrauen hervorzubringen, sicher und unberührt.

Letzten Endes gibt es nur einen zwingenden Grund, warum Christen sich Sex vor der Ehe verkneifen sollten, nämlich ganz einfach den, dass das allem Anschein nach das ist, was Gott will. Wenn du das glaubst, dann lass es bleiben. Wenn du es nicht glaubst – na, dann mach, was du willst. Wenn du es getan hast und dir wünschst, du hättest es lieber bleiben lassen, dann ist die gute Nachricht für dich, dass Gott ein Experte für Neuanfänge ist und schon dabei ist, dir dein virtuelles Jungfräulichkeitsoutfit maßzuschneidern. Er muss es unglaublich gernhaben, wenn Leute von vorn anfangen.

Ein letzter Punkt. Manche unverheiratete Christen, die ich kenne, gehen mit ihrer körperlichen Beziehung immer wieder bis tief in die intensivste Sturmzone und ziehen dann kurz vor dem eigentlichen Geschlechtsverkehr die Bremsen, weil sie Gott nicht beleidigen wollen. Nun, abgesehen davon, dass das bestimmt irgendein schleichendes Gesundheitsrisiko mit sich bringt, entspricht diese Art schweißtreibender Raserei sicherlich eher Bill Clintons Definition von „keinen Sex haben" als der Definition Gottes. Dass es einfach wäre, behauptet ja keiner, aber meine Güte! Sucht euch doch stattdessen etwas ähnlich Verlockendes – Croissants und heiße Schokolade zum Beispiel oder einen Fallschirmsprung oder eine perfekte Tasse Tee oder eine kalte Dusche. Das alles könnt ihr wenigstens zu so etwas wie einem Abschluss bringen ...

Ja ja, schon gut. Ich bin seit vierundvierzig Jahren verheiratet. Was verstehe ich schon davon? Ich halte jetzt besser meinen Mund.

Jeff

Jeff – sagt dir deine Frau manchmal, dass dein Humor zu weit geht, oder hat sie es schon aufgegeben?

Einer der wunderbarsten Anblicke für mich ist der meiner Frau Kay, wie sie laut über eine Geschichte lacht, die sie schon fünfhundert Mal von mir gehört hat. Ach was – tausend Mal. Früher dachte ich, sie kichert nur aus Pflichtgefühl und setzt ihr strahlendes Lächeln nur auf, um mich zu unterstützen, als ein Akt der Liebe und Treue, der es ja auch ist. Aber sie sagt mir, dass sie es immer noch witzig findet, wie ich Dinge ausdrücke, und dass sie Spaß daran hat, zu sehen, wie andere ihren Spaß haben, und sich ganz spontan davon mitreißen lässt. Und ich finde es herrlich, wenn es mir gelingt, meine erwachsenen Kinder (einschließlich meines wunderbaren Schwiegersohnes Ben, der für mich ein Sohn und ein guter Freund ist) zum Lachen zu bringen oder wenn meine Enkelkinder über ihren Opa kichern.

Ich sage das alles, weil es mir dadurch, wenn ich am Ziel vorbeischieße, eine Grenze übertrete oder zu weit gehe, viel leichter fällt, Kays behutsame Zurechtweisung anzunehmen. Und (wohlgemerkt, ich habe gründlich über diese Aussage nachgedacht) ich höre ihr immer zu und reagiere darauf. Das ist möglich, weil sie jede Kritik mit unverbrüchlicher Treue verbindet. Wir alle kennen Leute, die jede Gelegenheit, Kritik zu üben, genussvoll beim Schopf packen – sie sind wie menschliches Tipp-Ex. Selbst dann, wenn sie einen mal ermutigen, weiß man genau, dass da noch ein „aber" kommt ...

„Ich fand es sehr schön, was du heute gesagt hast, Jeff, aber ..."

Sei keiner von diesen Aber-Leuten. Entschuldigung, das kam jetzt irgendwie falsch heraus – du weißt schon, was ich meine.

Jeff

Wenn du eine Sache an dir verändern könntest, was wäre das?

Ich rase. Ich hechte. Ich sprinte durch meine Tage.

Kürzlich hat die Regierung Ihrer Majestät versucht, einen Beitrag zu meiner Entschleunigung zu leisten.

Ein Brief kam an. Ich starrte auf den Umschlag und versuchte, das aufwallende Grauen in meinem Magen zurückzudrängen.

Oben in der Ecke des gestrengen, braunen Briefpapiers war das Emblem der Polizeibehörde von Surrey aufgedruckt. Nicht zu fassen. Ich war mal wieder zu schnell gefahren und erwischt worden – das unglückselige Opfer einer Radarkamera.

Ich will mein Vergehen nicht herunterspielen oder aus der Tatsache, dass ich erwischt wurde, komödiantisches Kapital schlagen. Wer zu schnell fährt, gefährdet Menschenleben, und ich musste mich schuldig bekennen. Egal, ob es nur vier Meilen pro Stunde über dem Limit gewesen waren oder ob es scheint, als wären die Blitzer heutzutage eine wesentliche Einkommensquelle für die städtischen Kassen. Darum geht es nicht. Ich war zu schnell gefahren.

Das letzte Mal, als mir das passiert war, hatte ich an einer Nachschulung teilnehmen müssen. Eine jämmerliche, beschämt dreinblickende Gruppe schlurfte in einen Vortragsraum zu der

130

dreistündigen Veranstaltung, die darauf angelegt war, uns zu zeigen, welche verheerenden Folgen überhöhte Geschwindigkeiten haben können. Mir machte das Ganze sogar Spaß, und ich blieb hinterher zurück, um dem Kursleiter für den aufschlussreichen Abend zu danken. Seine Reaktion bestand darin, mich anzuschauen, als wäre ich vollkommen übergeschnappt. Ich bekam mein Zertifikat für den Kurs (was keine große Leistung war, da man dafür nur anwesend zu sein brauchte) und schwor, künftig langsamer zu fahren. Lange gehalten hat das Versprechen nicht.

Ich lebe immer unter Dampf. Ich esse schnell und weiß nicht, warum. Den Geschmack des Essens zu genießen war noch nie mein Stil. Ich wünschte, ich könnte sagen, ich sei in einer großen, immer hungrigen Familie aufgewachsen, wo man sein Hähnchen schnell vertilgen musste, bevor es einem vom Teller geschnappt wurde, aber leider stimmt das nicht. Ich brause bloß durch meine Essenszeiten hindurch, weil ich durch mein ganzes Leben hindurchbrause

Ich lese auf Tempo und überfliege lieber die Sätze, als die Worte richtig zu verdauen. Ich mache Multitasking, stürme durch meine To-Do-Listen und koche, wenn ich in der Rush Hour im Stau stecke und eines nicht tun kann: nämlich rasen. Ich erledige Dinge, nur damit ich schnell zum nächsten Ding übergehen kann. Immer gibt es noch etwas anderes zu tun, muss ich noch woandershin, gibt es noch irgendetwas anderes, was verlangt, das, was ich gerade tue, möglichst schnell zu Ende zu bringen.

In letzter Zeit frage ich mich aber: Wozu die Eile?

Die Raserei ist eine unbewusste Gewohnheit, die sich nur schwer durchbrechen lässt. Ich düse in der Gegend herum, ohne darüber nachzudenken. Ich brauche gar nicht spät dran, unter Druck oder hinter dem Zeitplan zu sein, um es eilig zu haben. Es kostet mich eine bewusste Anstrengung, langsamer zu machen.

In einer Welt des Fast Food und des High-Speed-WLAN ist es am einfachsten, mit dem Strom zu schwimmen, auch – oder gerade – wenn der Strom eher einem Sturzbach gleicht als einem Rinnsal.

Und außerdem rase ich einfach deshalb, weil ich es schon immer so gemacht habe. Es ist meine Standardeinstellung. Ich habe keine Ahnung, wie lange meine Mutter Wehen hatte, als ich auf die Welt kam, aber jedenfalls kam ich früher als erwartet, sogar sehr verfrüht. Ich habe den starken Verdacht, dass ich nur Minuten statt Stunden brauchte, um mich ins Freie zu kämpfen, und nach dem Klaps aufs Hinterteil als Erstes die Hebamme fragte, wann die Schule anfängt.

Dazu kommt so ein subtiler Druck, immer beschäftigt zu sein, denn die Eile beweist ja, dass wir gefragt sind, dass diejenigen, die uns brauchen, sich hinten anstellen oder eine Nummer ziehen müssen.

Außerdem fällt mir das Verlangsamen einfach so schwer. Ich kriege Schuldgefühle, sobald ich mich entspanne. Urlaub machen kostet mich ernsthafte mentale und emotionale Vorbereitung. Wenn ich plötzlich nichts mehr zu tun habe und von der Eile, die durchs Eilen entsteht, befreit bin, trudele ich oft in eine vage Depressivität hinein, sodass mir die faulen Tage in der Sonne eher zu einer Geduldsprobe werden als zu einem Genuss.

Doch wie mir die Führerschein-Nachschulung mit erschreckenden Illustrationen vor Augen führte, kann überhöhte Geschwindigkeit wirklich verheerend sein, und das gilt nicht nur auf den Straßen. Ich habe schon superschnelle Entscheidungen getroffen, die sich dann als katastrophal entpuppten, oder manches Chaos angerichtet, das sich mit etwas Geduld und Bedacht hätte vermeiden lassen. Und ich habe viel zu viele schöne Momente vergeudet, weil ich gar nicht richtig in ihnen drin war, weil ich innerlich schon dabei war, in fliegender Hast zum nächsten Programmpunkt zu düsen, von dem ich mir erhoffte, er werde noch besser sein, was aber meistens nicht der Fall war. Wer so sein Leben lebt, kommt mehr und mehr dahin, dass er es nur hinter sich bringen will, statt jeden Moment auszukosten.

Wenn ich Jesus ähnlicher werden will, dann ist ein besserer Rhythmus für mich kein Luxus. Er ist eine Notwendigkeit. Er konnte nein sagen; in manchen entscheidenden Momenten zog er sich von der tobenden Menge zurück und forderte auch seine Freunde auf, für eine Weile zu rasten, vermutlich, damit sie nicht ausrasteten.

Wünscht mir Glück dabei, wenn ich versuche, mein – Leben – zu – verlangsamen.

Okay, es geht weiter. Ich muss los.

Oder vielleicht auch nicht.

Jeff

Was brachte dich dazu, mit dem Schreiben anzufangen?

Ursprünglich mein großartiger Englischlehrer auf der Schule, Mr. Ruff. Ich habe ohne Erfolg versucht, ihn ausfindig zu machen, um ihm für seine inspirierende Ermutigung zu danken.

Auch Adrian hat mir einen Anstoß dazu gegeben. Es ist schon so lange her, dass er es bestimmt längst vergessen hat. Irgendwie hatte er wohl Vortragskassetten von mir gehört, auf denen ich über „Das Vaterherz Gottes" sprach, und er kontaktierte mich, um mir das Schreiben ans Herz zu legen. Falls er je dazu kommt, meine Beiträge zu diesem Buch zu lesen, wird er darüber wohlverdienten Stolz empfinden – oder vielleicht auch Bedauern.

Adrian

Ich fühle mich oft gedrängt, Gott zu verteidigen, wenn umstrittene Themen zur Sprache kommen. Dabei weiß ich nicht einmal selbst, wie ich über manche Dinge denke. Hast du einen Rat für mich?

Da fragst du genau den Richtigen, denn ich habe in der Vergangenheit ziemlichen Pfusch dabei gemacht, Gott zu verteidigen, hauptsächlich, indem ich nicht die Wahrheit über meine eigenen Gedanken und Gefühle sagte, besonders als ganz junger Christ. In meinem leidenschaftlichen Verlangen, meinen neu gefundenen Glauben vor allen anderen vernünftig und stark und wunderbar brillant erscheinen zu lassen, griff ich zu Argumenten und Behauptungen, die in meinem nicht gerade regen Verstand nicht wirklich zu Hause waren.

Es war wie Verliebtsein. Meiner neuen Flamme durfte kein Makel anhaften, und wenn mir eine herausfordernde Frage gestellt wurde, auf die ich keine Antwort hatte, ließ ich mir einfach etwas einfallen, auch wenn es noch so ein oberflächliches Argument war.

Das ist lange her, und obwohl ich manchmal diesen jungen Dummkopf von damals um seine blinde Entschlossenheit beneide, das ganze wackelige Gebäude des Christentums mit allen

Mitteln abzustützen, ist die Leidenschaft immer noch da; nur ist sie nicht mehr blind. Deshalb habe ich es täglich mit parallelen Wirklichkeiten zu tun. Eine dieser Wirklichkeiten ist eine tief eingegrabene Wärme und Zuneigung zu dem Gott, der meine Gedanken und Kräfte seit vier Jahrzehnten gefangen genommen hat. Die andere ist ein endloses und manchmal qualvolles Ringen darum, herauszufinden, wie ich am besten wahrheitsgemäß über seine Gegenwart in der Welt reden kann. Wo ist er? Was tut er? Was tut er nicht? Warum tut er alle möglichen Dinge nicht, die er unserer Meinung nach tun müsste, wenn er so allwissend und allmächtig wäre, wie er angeblich ist? Warum lassen wir uns so leicht zu neurotisch positivem Gelaber herab, wenn die Wahrheit uns zu uneben ist? Warum kriegen sich Christen so oft darüber in die Haare, wie man richtig redet oder sich benimmt oder anbetet (was immer das bedeutet)?

Jene erste Wirklichkeit, die die Beziehung zu Gott betrifft, gehört (zusammen mit meiner Frau und Tee) zu den Dingen, die mich heutzutage auf den Beinen halten, auch wenn ich mal für eine Weile aufhöre, an ihn zu glauben. Die zweite, das Durcheinander der Fragen, ist unbequem und verwirrend, aber zu bewältigen, solange ich mir von einem berühmten Satz aus sechs Wörtern, den ich ständig zitiere, den Weg erleuchten lasse.

Die Wahrheit wird euch frei machen.

Damit ist keine belehrende, selbstgerechte Wahrheit gemeint, sondern eine wohlüberlegte Wahrheit in Bezug auf alles, das Positive wie das Negative, was ich hinsichtlich meines Glaubens empfinde und denke. Die Wahrheit, so geringfügig oder gewöhnlich sie auch sein mag, ist immer auf beinahe magische Weise genug, und sie kann Menschen sehr tief beeinflussen. Der Person, die diese Frage ursprünglich gestellt hat, möchte ich Folgendes sagen. Gib aus deinem kleinen Vorrat weiter, was immer hilfreich ist, aber scheue dich nie davor, zu sagen, dass du etwas nicht weißt oder nicht verstehst oder dass du selbst hin- und hergerissen bist. Die Wahrheit ist Gott niemals peinlich. Vielleicht ist das einer der wesentlichen Unterschiede zwischen ihm und uns.

Willst du die „offizielle Antwort" oder die Wahrheit?

Jeff

Freust du dich aufs Sterben, damit du bei Jesus sein kannst?

Absolut nicht. Lass mich das in aller Deutlichkeit sagen: Ich will nicht sterben, und ich habe kein Verlangen danach, Jesus noch heute zu sehen, weil diese Begegnung nur dadurch stattfinden könnte, dass ich sterbe.

Dieses Eingeständnis dürfte zwar manche schockieren, aber andere wird es sicherlich erleichtert aufatmen lassen.

Ich weiß, die Regeln besagen, ich sollte im Anschluss an diese Aussage demütig etwas davon murmeln, dass ich nicht sterben will, weil ich im Dienst für Gott noch vieles zu tun habe, was ja stimmt, aber es ist nicht die ganze Geschichte. Mein Verlangen danach, weiterhin einen Puls zu haben, nährt sich nicht bloß aus frommem Ehrgeiz.

Ich will leben, na ja, weil ich eben leben will: Ich will meine Enkelsöhne zu Männern heranwachsen sehen, noch viele Male mein Glas zur untergehenden Sonne hin erheben, noch haufenweise Momente lauten Gelächters mit alten Freunden am Lagerfeuer erleben. Wenn ich jetzt stürbe, würde aus alledem nichts. Und auch nicht, wenn Jesus jetzt wiederkäme.

Kürzlich hörte ich von einer jungen Frau, die schreckliche Schuldgefühle hatte, weil sie im Begriff war, zu heiraten, und fürchterliche Angst hatte, Jesus könnte wiederkommen, bevor sie die Chance hatte, Sex zu erleben. Dann würde das Leben, wie wir es kennen, ein Ende haben, und die Hochzeit würde ins Wasser fallen. Dabei waren ihre Schuldgefühle eine Bürde, die Gott ihr gar nicht aufladen wollte. Schließlich hat er sie so *gemacht*, dass sie sich nach ihrem Liebhaber sehnt. Falls du das bezweifelst, lies einmal das Hohelied Salomos.

Angesichts meines Eingeständnisses, dass ich nicht gerade begeistert davon bin, mich in den Sarg zu legen, höre ich jemanden fragen: „Und was ist mit Paulus und seinen Worten: ‚Denn Christus ist mein Leben, und Sterben ist mein Gewinn‘?"

Ich bin zwar voller Bewunderung für Paulus' Haltung zu seinem eigenen Ableben (und auch ein wenig eingeschüchtert davon), aber das war ja nicht etwa eine vage Todessehnsucht. Seine Sichtweise war von einem Leben geprägt, das bisweilen voller Qualen und Leid war, und er musste sich mit Verfolgung, Missverständnissen, falschen Anschuldigungen, Konflikten mit engen Freunden, Streitigkeiten, die Gemeinden auseinanderrissen, und persönlicher Ablehnung herumschlagen – manche sagen, er sei wegen seiner Entscheidung, Jesus nachzufolgen, von seiner eigenen Familie geächtet und ausgestoßen worden. Das Leben hatte ihm teilweise äußerst übel mitgespielt, und er gestand ein, manchmal so niedergeschlagen zu sein, dass es sich für ihn anfühlte, als stünde er unter einem Todesurteil. Und wir sollten auch nicht vergessen, dass er, als er sagte, Sterben sei sein Gewinn, tatsächlich unter Hausarrest stand und auf seine Hinrichtung wartete.

Winston Churchills letzte Worte sollen folgende gewesen sein: „Ich bin so gelangweilt von allem." Wenn man wie Churchill, oder wie Paulus, Unglaubliches in seinem Leben geleistet hat, es sich aber jetzt so anfühlt, als schleppe man sich ständig nur bergauf, dann fängt man vielleicht an, danach zu lechzen, das alles hinter sich zu lassen und ganz in der Gegenwart Jesu zu sein. Vielleicht kommt so eine Zeit auch einmal für mich, wenn ich körperlich und geistig einfach nur noch erschöpft bin – und vielleicht werde ich dann auch begieriger darauf sein, das Antlitz dessen zu schauen, der mein Leben bis zur Unkenntlichkeit verändert hat, und mich mit etwas mehr Freude ins Abschiednehmen schicken. Aber bis es so weit ist, will ich unbedingt, ganz dringend und absolut dieses Leben weiterleben.

Adrian

Was bedeutet deiner Meinung nach Fortschritt für Christen?

Gute Frage.

Es gibt da so einen Juckreiz, der früher oder später so ziemlich jede Organisation plagt, mit der ich es je zu tun hatte. Es fängt ganz klein an, wie es bei den besten und den schlimmsten Dingen auf der Welt immer der Fall ist. Erst fängt einer an, sich zu kratzen, dann noch einer, dann drei weitere, und ehe man sich umsieht, ist der ganze Haufen dabei, eine hektische Partie geistliches Twister zu spielen.

Es war während der Zeit in den 1980ern und 1990ern, als in denjenigen christlichen Kreisen, in denen etwas mehr Wert auf gezielte Spontaneität gelegt wird, überall die Rede vom „Toronto-Segen" war, einer Welle des Geistes, die von der Airport Church in Toronto in Kanada ausging. Manche Gemeinden in Großbritannien waren so erpicht darauf, etwas von diesem Phänomen abzubekommen, dass sie tatsächlich einen oder gar mehrere ihrer Pastoren oder Ältesten nach Nordamerika schickten, damit sie es dort sozusagen abholten und mit nach Hause brachten.

Komisch, oder? Man kann es sich nur so erklären, dass der Heilige Geist offenbar nicht die nötige Exportlizenz bekommen konnte. Oder vielleicht nahm sich Gott auch ein Beispiel an dem einen oder anderen christlichen Verleger in den USA und wollte seine Zeit und seine Ressourcen nicht auf einen Markt verschwenden, der zu klein und unprofitabel zu sein scheint, um die Mühe zu lohnen. Wer weiß?

Diese gemeindliche Form der Schuppenflechte dreht sich um Veränderung und Fortschritt, ums Vorwärtskommen und Wachsen und Erfolg-Haben, was immer das bedeutet, und sie kommt in Gemeinden jeder Größe und Provenienz vor. Auf den ersten Blick eigentlich eine gute Idee, und solange diese atemlosen Vorstöße ins Neue uns dienen, statt uns zu beherrschen, sind sie mir willkommen. Ich selbst könnte in der Wüste keinen Sandkasten bauen, aber ich erkenne an, dass man die Dinge richtig machen sollte.

Nein, das Problem entsteht dann, wenn menschlicher Ehrgeiz und Optimismus Vorrang bekommen vor geistlichem Urteilsvermögen und dem klaren Blick darauf, was es heißt, den Menschen um uns her Jesus zu bringen und als seine Repräsentanten zu dienen.

In Scargill House, dem Freizeit- und Tagungszentrum in North Yorkshire, mit dem Bridget und ich seit fünf Jahren eng verbunden sind, wird regelmäßig über die Richtung und die Ziele der Einrichtung diskutiert. Wo setzen wir unsere Mühe und unsere Ressourcen am besten ein? Welche Aspekte unserer Arbeit müssen verändert oder angepasst werden, damit wir weiterhin unsere grundlegenden Ziele erreichen? Gibt es Raum

dafür, unsere Arbeit in andere Teile unserer Umgebung auszu-
weiten?

All das sind Fragen, die es sich zu stellen und, wenn möglich,
zu beantworten lohnt, aber ich finde, alle christlichen Organisationen sollten sich als Erstes einmal darüber klar werden, was
„Erfolg" und „unsere Ziele erreichen" im Reich Gottes eigentlich
bedeuten.

Tatsache ist: Wenn Scargill morgen, fünf Jahre nach der Wie-
dereröffnung 2010, seine Pforten schließen würde, wäre es dennoch erfolgreich gewesen für jeden Besucher oder Gast, der hier
von Gott angerührt wurde, wie auch immer das geschehen ist. In
diesem Sinne haben wir durch die Gnade Gottes fast jeden Tag
unser Ziel erreicht.

Das wissen wir, weil unser Vorbild Jesus ist. Nach den drei
Jahren seines intensiven Wirkens dürften viele gedacht und
manche zweifellos ausgesprochen haben, dass die ganze Sache
mit einer Katastrophe geendet war. Und aus dem Blickwinkel
der Welt hatten sie damit auch recht. Eine vielversprechende
Laufbahn hatte ein abruptes Ende gefunden, erstens durch einen
schändlichen Tod und zweitens dadurch, dass diejenigen, die Jesus nur so lange nachgefolgt waren, wie alles gut und gefahrlos
lief, komplett den Mut verloren.

Doch es gab auch viele, die dieser Sichtweise nicht zuge-
stimmt hätten. Die Aussätzigen, die geheilt wurden, die Frau,
die vor der Steinigung bewahrt wurde, nachdem man ihr Ehebruch vorgeworfen hatte, die Witwe von Nain, deren Sohn von
den Toten auferweckt und ihr zurückgegeben worden war, die
Gäste auf der Hochzeit zu Kana, die den größten Zaubertrick
aller Zeiten miterlebten, die Syrophönizierin, die Jesus anflehte, das Leben ihrer Tochter zu retten, und ihren Wunsch erfüllt
bekam – sie alle und unzählige andere, von denen wir wissen

oder auch nie gehört haben, ob sie nun die späteren Ereignisse verfolgten oder nicht, hätten bestimmt gesagt, dass das Wirken Jesu, das ihr Leben für immer veränderte, alles andere war als eine Katastrophe.

Wie hätten sie wissen können, dass das endgültige Ziel Jesu, nämlich zu sterben und wieder zum Leben auferweckt zu werden, es möglich machen würde, dass diese Wunder sich über die nächsten zweitausend Jahre in aller Welt fortsetzen und im Jahr 2015 an Orten wie Scargill House immer noch geschehen würden?

Es fällt uns sehr schwer, die umwerfende, schwindelerregende, auf dem Kopf stehende, paradoxe Wahrheit aufzunehmen und zu kapieren, dass der Tod und die Auferstehung Jesu Christi, dieses gewaltige, kosmische Ereignis, eben dazu stattfand, damit er durch seine Anhänger weiterhin auf den Straßen aller Länder der Welt unterwegs sein kann, um zerbrochenen Menschen zu begegnen und ihrem Leben die Kraft neuer Hoffnung einzuhauchen.

Vor zweitausend Jahren steckte eine arme, alte Frau zwei Münzen in den Kollektenkasten des Tempels. Sie waren alles, was sie hatte. Jesus erklärte seinen Jüngern, sie habe mehr gegeben als all die reichen Leute, die mit großer Geste einen winzigen Bruchteil ihres gesamten Vermögens spendeten. Aber Jesus meinte es nicht im Vergleich, als er sagte, sie habe mehr gegeben als die anderen. Das war nicht seine Art. Sondern er sagte, dass der Nutzen dieser Gabe größer sein würde, als irgendjemand es sich je hätte vorstellen können. Und natürlich hatte er recht. Diese Frau sitzt jetzt seit zwanzig Jahrhunderten im Himmel und hört sich an, wie Leute über diese kleine Opfertat diskutieren, sie immer wieder schildern und daraus lernen. Eine kosmische Konsequenz aus einem Senfkorn des Gebens.

Jesus ist nicht gestorben, damit Gemeindeleiter Imperien errichten. Er machte Gethsemane nicht durch, damit gigantische Pläne und gewaltige organisatorische Höchstleistungen an die Stelle von Gesprächen mit deinem Sitznachbarn im Bus treten können. Er verzichtete nicht auf menschliche Gemeinschaft und die Liebe einer guten Frau, damit irgendein straff durchorganisiertes, programmiertes und liebloses Unternehmen so effizient wachsen kann, dass es den Kontakt zu seinen eigenen Wurzeln verliert und vergisst, wozu es überhaupt da ist.

Seid vorsichtig mit diesem Juckreiz. Er könnte ansteckend sein.

Ich sollte noch hinzufügen, dass ich, als ich noch keine zehn Jahre alt war, ein anonymes Geschenk von Gott bekam. Ganz einfach gesagt, war es die schockierende Erkenntnis, dass jeder einzelne Mensch auf der Welt der Star, der Hauptdarsteller, ist in seiner eigenen kleinen Welt. Jesus ist gestorben, damit wir verstehen, wie wichtig ihm jede dieser kleinen Welten ist. Unsere Aufgabe ist es, ihren Wert in seinen Augen zu erkennen. Wir sollen in diese Welten hineingehen und dafür sorgen, dass Gottes Stars verstehen, wie sehr sie geliebt werden. Wenn wir das tun, sind wir dicht daran, das Geheimnis des Erfolgs zu verstehen und zu entdecken.

Gewiss können wir mithelfen, das Reich Gottes zu bauen, aber solange wir nicht akzeptieren, dass er der Architekt ist, vergeuden wir nur unsere Zeit. Diese wesentliche Wahrheit zu begreifen wäre schon ein klarer Fortschritt.

Jeff

Hast du schon einmal eine Manifestation des Heiligen Geistes vorgetäuscht?

Zweifellos. Anfang der 1990er, als der sogenannte „Toronto-Segen" so richtig in Schwung war, schwang ich sozusagen mittendrin mit. Das waren aufregende Zeiten, in denen überall die Gegenwart Gottes auf ganz erstaunlich greifbare Weise zu spüren war. Ich hatte Gelegenheit, auf einigen Tagungen in der damaligen Vineyard-Gemeinde in Toronto zu sprechen, in der die seltsamen Manifestationen begannen. Anfangs wirkte alles sehr authentisch. Es gab auch ein paar ausgesprochen dämliche Nebenerscheinungen, gelegentliche Verirrungen, die dann von den Kritikern der Bewegung an die ganz große Glocke gehängt wurden, aber es war auch eine Zeit, in der viele Menschen erlebten, wie Gott sie ganz deutlich berührte.

Ich weiß noch, wie Kay und ich das Pastorenpaar in Toronto, Carol und John Arnott, zum ersten Mal trafen. Sie sprachen auf einer Konferenz in Irland, auf der ich auch Vorträge hielt. Als einer der Abende dort zu Ende ging, stand mir der Sinn danach, mir zum Ende des Tages etwas Schönes zu gönnen, vielleicht etwas guten Käse und ein nettes Glas Merlot, aber dann fragten uns John und Carol, ob wir gerne hätten, dass sie für uns beteten. Das nahmen wir gern an, und ich schob meinen Mitternachtsimbiss noch ein wenig hinaus. Was dann folgte, waren dreißig Minuten, in denen rohe Kraft durch unsere Leiber pulsierte, als Kay und ich von Wellen des Heiligen Geistes durchspült wurden. Es war unvergesslich, nicht nur wegen des Erlebnisses selbst, sondern auch wegen der Früchte, die dann folgten: Am dramatischsten waren die Auswirkungen auf Kay – von diesem Tag an zeigte sie viel mehr Selbstbewusstsein in ihrem Leben, ihrem Dienst und in unserer Ehe (ich kann mir nicht mehr so viel erlauben wie früher, und darüber bin ich äußerst froh).

Doch mit der Zeit gab es ungesunde Entwicklungen in dieser Bewegung, zumindest aus meiner Sicht. Wenn Zehntausende von Menschen aus aller Welt zusammenkommen, um Gott nachzujagen, dann sind garantiert auch einige dabei, die fanatisch, aus dem Gleichgewicht oder emotional belastet sind. Solche Auswüchse waren dann Öl auf das Feuer, das die Kritiker schürten.

Gewiss bestand zuweilen eine Art Gruppendruck, eine „Erfahrung zu haben". Manchmal, bevor ich predigte, wurde von dem Leiter oder der Leiterin des Gottesdienstes für mich gebetet. Wenn Tausende von Leuten zuschauen und die Fernsehkameras laufen, steht man ziemlich unter dem Druck, dass jetzt doch *irgendetwas* passieren müsse, ob es echt ist oder nicht, besonders, wenn man genau weiß, dass man negativ beurteilt wird, wenn jemand für einen betet und nichts geschieht. Es ist nicht so einfach, glaubwürdig vor einer Konferenz voller Leute zu sprechen, die ganz sicher sind, dass sie mitten im sprichwörtlichen Strom des Geistes schwimmen, wenn diese den Eindruck haben, man selbst sitze am Ufer auf dem Trockenen. Ich glaube ehrlich nicht, dass ich jemals eine Show abgezogen oder eine Schauspieleinlage gegeben habe, wenn so vor den Augen der Öffentlichkeit für mich gebetet wurde, aber ich kann auch nicht mit Sicherheit sagen, dass da nicht die eine oder andere Pawlow'sche Reaktion dabei war. Pawlow war dieser Psychologe mit den gehorsamen Hunden. Hat nichts mit der Baisertorte zu tun.

Was allerdings durchaus vorkam, war, dass ich mit allen anderen Schlange stand, um für mich beten zu lassen, und mich dann mehr oder weniger aus Höflichkeit rückwärtsfallen ließ, freilich nicht, ohne mich vorher zu vergewissern, dass der Auffänger auch pflichtgemäß hinter mir stand. Es war ja damals unglaublich wichtig, „unter der Kraft zu fallen" oder „im Geist erschlagen" zu werden (ich hasse diesen Ausdruck – er erinnert mich ein bisschen daran, wie Ananias und Saphira infolge ihrer zwielichtigen finanziellen Machenschaften tot umfielen). Egal, worüber der Redner sprach, ob über Ehe, Gerechtigkeit, Gebet oder was auch immer, am Ende stellten sich die Leute an, damit die Mitarbeiter ihr Ding machen konnten – und alle landeten auf dem Teppich.

Manche dieser Mitarbeiter waren hartnäckige Leute, die ebenso auf Resultate erpicht waren wie eine Gruppe von Bowlingspielern auf fallende Kegel am Freitagabend. Sie beteten, schrien, bliesen einen an und flüsterten einem ins Ohr: Offen gesagt, sie ließen nicht locker, bis man zu Boden ging. Wie ein Ausschlag, der sich durch keine Creme beseitigen ließ, wichen sie nicht von der Stelle, bis man zusammenklappte. Und diese Veranstaltungen konnten bis spät in die Nacht gehen, wo doch Käse und Wein auf mich warteten.

Also, ein paar Mal bin ich schon auf Tauchstation gegangen.

Bitte urteilt jetzt nicht zu hart über mich. Ich kam zu meinem Nickerchen, und der Mitarbeiter kam zu seinem Resultat. Winwin.

Und der Stilton im Hotelzimmer eine halbe Stunde später war köstlich.

Adrian

Kommen nur Christen in den Himmel?

Für diese Entscheidung bin ich nicht zuständig, und dafür danke ich Gott. Es wird euch allerdings nicht überraschen zu hören, dass ich eine Meinung dazu habe. Wie die meisten meiner Meinungen gerät auch diese etwas ins Flackern, wenn ich versuche, sie scharf zu stellen, aber ich will sie euch gerne sagen, wenn sie euch interessiert.

Viele Christen scheinen mit der Zeit in einen sanften universalistischen Nebel hineinzudriften, wenn sie älter werden. Im Allgemeinen behaupten sie nicht ausdrücklich, dass jeder im Universum gerettet wird, aber man hat das Gefühl, Grenzen werden neu gezogen, Gewissheiten werden abgeschwächt, und alte Fragen brechen wieder auf. Einer dieser wohlmeinend liberalen Gläubigen, ein Mann, der schon vor vielen Jahren gestorben ist, wurde reichlich mit dem liebevollen Gift überschüttet, das nur Christen von sich geben können, wenn sie zu unsicher sind, um ihre eigenen Instinkte zu erkunden. Als wir einmal in einem Winkel in unserem Pub in der Nachbarschaft zusammensaßen, fragte ich ihn, wieso er in seinem fortgeschrittenen Alter immer noch Ansichten äußere, die ihm so viel bittere Kritik eintrügen. Soweit ich mich durch den Nebel verblassender Erinnerungen und Bierdünste noch an das Gespräch erinnern kann, verlief es etwa folgendermaßen:

„Nun ja", sagte er in dem bewusst sanften, unaggressiven Ton, mit dem er seine Kritiker oft verärgerte, „ich denke eben, ab und zu muss mal jemand für Gott ein gutes Wort einlegen."

„Aber das ist doch genau der Grund, wieso sie so sauer auf

dich sind, oder? Sie sagen, dass du in Wirklichkeit gar nicht für Gott das Wort ergreifst. Sondern dass du das Evangelium verwässerst. Jesus ist der einzige Weg zum Heil. Jeder, der ihn nicht in sein Leben einlädt, ist verloren. Ist das denn falsch?"

Einen Moment lang starrte er in die Neige, die in seinem Glas Harvey's noch verblieben war, anscheinend hypnotisiert von der darin enthaltenen goldenen Verheißung. Dann endlich antwortete er:

„Adrian, ich glaube, es fing an, als mir dieser Vers im ersten Petrusbrief auffiel, wo es heißt, dass Gott nicht will, dass irgendjemand verlorengeht. Ich habe mir diese Worte eine Weile durch den Kopf gehen lassen und dann versucht, mir ehrlich darüber klar zu werden, was für Empfindungen sie in mir auslösten. Vor allem empfand ich Mitleid mit Gott. Ja, wirklich. Der allmächtige, allwissende Gott will, dass alle gerettet werden, alle von Dschingis Khan bis Patience Strong. Mach nicht so ein skeptisches Gesicht – sogar Patience Strong wird ja wohl eine Seele gehabt haben, oder? Jedenfalls, das ist es, was er will, und deshalb ist er Mensch geworden, gestorben und wieder ins Leben zurückgekehrt. Die Logik dahinter durchschaue ich ebenso wenig wie jeder andere Mensch, wenn er ehrlich ist, aber Tatsache bliebt, dass er das alles getan hat, damit sein Traum eine Chance hat, sich zu erfüllen. Den Gedanken, dass er dabei enttäuscht wird, finde ich unerträglich. Du nicht auch?"

„Nun ja, aber willst du damit sagen, dass alle Menschen gerettet werden, egal, ob sie Christen geworden sind oder nicht? Ich meine, dieser Vers besagt doch bloß, dass Gott nicht will, dass jemand verlorengeht. Davon, dass er vorhat, das so geschehen zu lassen, steht da doch nichts, oder?"

„Nein, das nicht. Offenbar hat auch Allmacht ihre Grenzen. Nein, ich wollte wohl nur Gott meine Unterstützung zeigen, indem ich auf seine Motive bei alledem aufmerksam mache. Wir Christen plappern ja immer gern diese Worte nach, dass Gott die Welt so sehr geliebt hat, dass er seinen einzigen, geliebten Sohn hingab, aber vielleicht haben wir aus den Augen verloren, falls wir es überhaupt jemals im Blick hatten, welche epische Leidenschaft hinter diesen unvergesslichen Versen steckt. Ich erinnere manche Leute gerne mal daran, dass der Gott, dem sie zu dienen behaupten, wahrscheinlich größer und den Menschen leidenschaftlicher zugewandt ist, als man angesichts ihrer scharfen Überwachung der geistlichen Regeln und Vorschriften vermuten würde. Ob du es glaubst oder nicht, der Sinn der ganzen Sache ist, uns nach Hause zu bringen, nicht, unsere Papiere zu prüfen und dann zu entscheiden, dass wir nicht hereinkommen dürfen, weil wir in irgendeinem kleinen Formularkästchen bezüglich Vorurteilen gegen Wasservögel über den Rand hinweg geschrieben haben."

„Hör auf, mich zum Lachen zu bringen, und beantworte meine Frage. Ich hole uns gleich noch eine Runde, aber erst sagst du mir, ob Jesus der einzige Weg nach Hause oder in den Himmel ist oder wie du es auch nennen willst."

Mein Freund lehnte sich zurück und richtete den Blick in die Ferne. Als er schließlich antwortete, lag eine anrührende Traurigkeit in seiner Stimme.

„Oh, du kannst ganz schön grausam sein, Adrian", sagte er lächelnd, „aber na gut – schließlich ist ein großes Harvey's doch noch ein bisschen verlockender als der Heilige Gral."

Sorgfältig und bedächtig fuhr er fort:

„Je älter ich werde, desto sicherer bin ich mir im Innersten, dass Jesus tatsächlich das einzige Mittel ist, durch das wir unseligen, geliebten Menschen am Ende tatsächlich dahin kommen, einen ewigen Seufzer der Erleichterung auszustoßen. Bitte sehr!

Eine gute Nachricht für diejenigen, die mich gerne theologisch auf Vordermann bringen wollen.

Die schlechte Nachricht – die, bei der dieselben Leute sich am Kopf kratzen und stirnrunzelnd in die Konkordanz schauen und bei ihren Gemeindeältesten rückfragen und für mein ewiges Seelenheil beten werden – ist diese. Je älter ich werde, desto mehr bin ich mir ebenso sicher, dass ich keine Ahnung habe, was es eigentlich bedeutet, von Jesus gerettet zu sein. Weißt du, ich habe diese lästerliche Vorstellung im Kopf, dass Gott womöglich genau das tut, was er will, und genau so, wie er es will. C. S. Lewis hat davon gesprochen, dass wir im Himmel mit Überraschungen rechnen müssen. Ziemliche Untertreibung. Wenn Gott auf der richtigen Seite seines Bootes ein Netz auswirft, dann werden wir über die Größe und Vielfältigkeit seines Fangs staunen. Viele werden mir da widersprechen, und vielleicht haben sie recht. Sollte ich mich irren, werde ich die Angelegenheit zu gegebener Zeit bei einem guten großen Bier mit meinem himmlischen Vater besprechen.

Du musst also zugeben, dass ich zumindest versucht habe, zwei schwierige Fragen zu beantworten. Die nächsten Runde geht auf dich, glaube ich.“

Es flackert schon ein wenig, was mein Freund da gesagt hat, nicht wahr? Aber ich schätze seine geistliche Weisheit, wenn ihr wisst, was ich meine. Es mag ein heikles Gefühl sein, die Fenster aufzureißen und frische Luft hereinzulassen, wenn wir damit beschäftigt sind, uns eine Welt zurechtzubasteln, in der man das Christsein nur bei Zimmertemperatur gefahrlos genießen kann, aber diese Art von Vorsicht kann auch erstickend wirken. Außerdem sollten wir bei dieser Frage nie aus dem Blick verlieren, dass wir diejenigen sind, die sich die geistlichen Etikettierungen ausdenken und sie uns und anderen aufkleben, auf die wir so viel Wert legen. Gott ist derjenige, der sie uns am Ende wieder abnehmen wird.

Jeff

Sprichst du in Zungen?

Ja, und es hilft mir sehr, nicht zuletzt, weil ich sonst oft gar nicht bete – einfach weil mir nichts Intelligentes einfällt, was ich sagen könnte, oder weil das Leben mich irgendwie sprachlos gemacht hat. Und das Sprachengebet ist für mich lebenswichtig, wenn ich verzweifelt bin oder dringend Gottes Hilfe brauche.

Aber lass mich ganz ehrlich sein und das Risiko eingehen, mich vor dir bloßzustellen. Ich habe das noch nie gesagt, weder in einem Vortrag noch schriftlich, aber hier kommt es: Ich bin mir nicht vollkommen sicher, ob die „Gebetssprache", die ich gebrauche, wirklich von Gott kommt.

Zungenrede kommt einem manchmal völlig absurd vor, und vielleicht darf man das auch offen sagen. Denn mit dem Mund Silben zu bilden und daran zu glauben, sie gingen irgendwie auf das Wirken des Heiligen Geistes zurück, ist ein Akt des Glaubens, und genau wie der Glaube selbst fühlt es sich manchmal ziemlich lächerlich und dämlich an.

Es gibt Momente, in denen ich denke, ich gebe bloß irgendein Kauderwelsch in einem nachgeäfften nahöstlichen Akzent von mir. Mit daran schuld ist vielleicht auch die Art und Weise, wie ich zur Zungenrede gekommen bin, kurz nachdem ich Christ geworden war. Damals strebte man danach, „geistgetauft" zu werden. Das bedeutete in der Regel, dass man entweder am Ende eines Gottesdienstes nach vorn ging, um von einer Person für sich beten zu lassen, die einen ermutigte, jegliche seltsamen Worte, die einem in den Sinn kamen, auszusprechen, oder dass man zu einer „Wartestunde" ging, wo eine Gruppe von Leuten zusammenkam, die begierig waren nach der Kraft und der „Gabe". Erst gab es ein paar ermutigende Worte und eine Auslegung, dann wurde gebetet. Sobald man ein oder zwei seltsame Worte von sich gab, wurde man beglückwünscht: „Jetzt hast du es." Jegliche Zweifel, ob wir nicht die Worte einfach nur selbst fabriziert hätten, wurden mit dem Schriftwort zum Schweigen gebracht: „Oder ist ein Mensch unter euch, der seinem Sohn, wenn er ihn bittet um Brot, einen Stein biete? ... Wenn nun ihr, die ihr doch böse seid, dennoch euren Kindern gute Gaben zu geben wisst, wie viel mehr wird euer Vater im Himmel Gutes geben denen, die ihn bitten!" (Matthäus 7,9 und 11).

Das Argument lief so:

1. Du hast Gott gebeten, dich mit seinem Geist zu füllen.
2. Er ist begierig darauf, das zu tun.
3. *Irgendetwas* ist passiert.
4. Du darfst nun das, was passiert ist, nicht als etwas anderes bezeichnen als das Wirken des Heiligen Geistes, denn damit würdest du Gottes Fähigkeit und Bereitwilligkeit, zu geben, infrage stellen. Du hast um einen Laib Vollkornbrot gebeten, also wird er dir keinen Ziegelstein geben.

Aber dabei nagt eine Frage an mir: Warum war es angeblich so furchtbar einfach, diese Gabe zu empfangen, wenn doch so viele andere Dinge, um die wir Gott anflehen – seine Führung, die Rettung von Kindern aus der Hand von Menschenhändlern,

Heilung für meinen Freund Anthony, der mit dem Krebs ringt –, nicht so leicht zu erlangen sind? Wenn das Übernatürliche so einfach anzuzapfen ist, warum erleben wir dann nicht mehr Erhörungen in anderen Bereichen, in denen wir sie so dringend brauchen?

Damit jetzt niemand in Versuchung kommt, mich zu umzingeln und eine neuzeitliche Steinigung zu organisieren, lasst mich ganz klar sagen, dass ich vollkommen davon überzeugt bin, dass die Kraft und die Gaben des Heiligen Geistes uns heute zur Verfügung stehen. Ich frage mich bloß, ob sie so leicht an Gottes Automaten zu ziehen sind, wie wir es oft darstellen. Wenn Gott reden will, dann wird er reden – aber er sucht sich aus, wie und wann.

Aber hier ist noch ein Bekenntnis, bei dem mancher vielleicht Lust verspürt, einen Kieselstein aufzuheben und in meine Richtung zu schleudern: Ich bin mir zwar nicht ganz sicher, ob meine Erfahrung der Zungenrede unbedingt eine Gabe des Heiligen Geistes ist, aber ich bin mir auch nicht ganz sicher, ob das überhaupt eine Rolle spielt.

Gott kennt mein Herz. Er weiß, dass ich nach ihm rufen, ihn anbeten, ihn dringend um Hilfe anflehen will. Selbst wenn ich also tatsächlich nur Silben aussprechen würde, die ich mir unterbewusst selbst ausgedacht habe, oder auch nur nachplappern würde, was ich in den Gebeten anderer gehört habe – würde das wirklich etwas ändern?

Worauf es ankommt, ist die Erkenntnis, dass ich es nötig habe, echt und authentisch an jedem einzelnen Tag meines Lebens mit dem Heiligen Geist erfüllt zu werden.

Adrian

**Adrian, wir sind eine neu gegründete Gemeinde.
Wie können wir sichergehen, dass wir anderen
Menschen Verhaltensregeln weitergeben,
die den Willen Gottes richtig repräsentieren?**

Bei dem, was wir christliche Verkündigung nennen, scheint mir ein Merkmal viel zu oft zu fehlen, nämlich die schlichte Überzeugung, dass es wirklich einen Gott gibt, der wirklich gegenwärtig ist, wenn wir mit anderen Leuten reden oder beten oder essen oder Badminton spielen oder Gemüse schneiden oder Händels *Messias* singen. Dabei liegt es nahe, anzunehmen, dass dieser Gott eine konkrete Sicht für jede Situation hat und eine konkrete Vorstellung davon, wie mit der Person oder den Personen, um die es geht, am besten umzugehen ist.

Wo diese Grundannahme fehlt, fangen wir an, nach Verhaltensregeln zu hungern. Wir wollen wissen, was wir denken und sagen, wie wir reagieren und vorgehen sollen. Wir glauben, wenn wir erst unsere Checkliste haben, können wir sie einfach auf jedes Thema oder Problem anwenden, das sich uns stellt. Das ist der Grund, warum Gott unsere normalen Erwartungen auf ganz wahllose und manchmal bestürzende Weise zu stören scheint.

So ist es schon immer gewesen. Im neunten Kapitel des Johannesevangeliums treffen Jesus und die Jünger auf einen Mann, der von Geburt an blind ist. Die Frage, die die Jünger Jesus bei dieser Gelegenheit stellen, und die Antwort, die sie auf ihre Frage von Jesus bekommen, könnte man folgendermaßen frei übertragen:

„Aha, ein Mann, der seit seiner Geburt blind ist. Welche Regel gilt hier nun, Herr? Irgendjemand muss ja daran schuld sein. Ist das jetzt der Mann selbst oder seine Eltern?"

„Weder noch", sagt Jesus mit einem Anflug von Ermüdung in der Stimme, „sondern seine Blindheit macht es möglich, dass die Werke Gottes an ihm für alle Welt offenbar werden."

Der Mann wird geheilt, und seine anschließende Begegnung mit den wütenden Pharisäern ist eine der wenigen wirklich witzigen Stellen im Neuen Testament. Stoff für eine richtig gute Pantomime. Lest es einmal. Malt euch die Szene aus.

Noch lehrreicher für diejenigen unter uns, die wirklich versuchen wollen, das Herz Gottes zu verstehen und richtig zu repräsentieren, ist das Kapitel davor, wo wir von einer Ehebrecherin hören, die von den Pharisäern herbeigeschleppt wird, um Jesus eine Falle zu stellen und ihn dazu zu bringen, sich gegen das Gesetz zu äußern. Diese Jungs waren sich offenbar ganz sicher, dass ihr Trick funktionieren würde. Sie glaubten, drei Dinge ganz genau zu wissen, und damit hatten sie absolut recht.

Der erste Punkt war, dass die Strafe für Ehebruch die Steinigung war. Korrekt. Das Gesetz des Mose war da ganz eindeutig.

Der zweite Punkt war, dass Jesus sich als jemand gezeigt hatte, der aufgrund seiner Barmherzigkeit gegenüber Sündern und seines tiefen Abscheus vor jeder Grausamkeit niemals in der Lage sein würde, stumm dabeizusitzen und zuzulassen, dass eine Frau vor seinen Augen zu Tode gesteinigt wurde.

Drittens hatte er in seiner Verkündigung sorgfältig betont, dass seine Lehre sich nicht gegen das Gesetz richte. Im Gegenteil, er erklärte öffentlich, eher würden Himmel und Erde verschwinden, als dass auch nur ein Federstrich aus dem Gesetz getilgt würde.

Klarer Fall. Sie hatten ihn. Versuchte er, die Frau zu retten, so würde er sich damit als jemand entlarven, der sich auf die Seite von Gesetzesbrechern stellte. Stimmte er der Steinigung zu, so würde er seiner eigenen Natur widersprechen und damit die Überzeugungskraft seiner Lehre erheblich schwächen. Darf ich noch ein bisschen in unsere heutige Sprache übertragen? Was nun folgte, stellt sich für mich etwa so dar:

„Wir wollten nur bei dir rückfragen", sagten die Pharisäer harmlos, „welche Verhaltensregel bei dieser Frau, die Ehebruch begangen hat, anzuwenden ist. Äh, Steinigung, nicht wahr – nach dem Gesetz jedenfalls?"

Jesus kritzelt geistesabwesend ein bisschen im Staub herum und sagt nichts. Leicht unbehagliches Räuspern allenthalben.

„Also, sollen wir jetzt mit dem Steinigen anfangen, oder ...?

Jesus blickt auf.

„Bitte? Ach so, die Steinigung. Ja, klar. Wie ihr gesagt habt, so will es das Gesetz. Also los. Wer fängt an? Ach, ich weiß. Wie wäre es damit? Derjenige von euch, der noch nie eine Sünde begangen hat – der darf als Erster einen Stein werfen. Okay? Prima! Ich schreibe dann hier mal ein bisschen weiter."

Das Ende kennt ihr ja. Die Steinigung findet nicht statt. Die Frau geht weg, um ihr Leben in Ordnung zu bringen. Die Vorschrift hinsichtlich Ehebruch, wie sie im Gesetz steht, bleibt intakt, aber die höhere, himmlische Vorschrift der Liebe und Erlösung hat ihren Zauber ausgeübt.

Und nur, um noch ein wenig mehr herrliche Verwirrung in die Sache hineinzubringen – es gibt Momente, in denen dieses Beispiel der Liebe und Erlösung ein bisschen schwieriger zu befolgen ist.

„Meister, diese Geldwechsler und Taubenverkäufer hier im Tempelvorhof – sollen wir sie einladen, Zeit mit uns in einer Begegnungsgruppe zu verbringen, damit wir ihnen Fisch zu essen geben und liebevoll erklären können, dass ihr Verhalten ein kleines bisschen hinter dem geistlichen Ideal zurückbleibt?

„Eigentlich hatte ich vor, mir ein geknotetes Seil zu besorgen und sie hier rauszuprügeln, sobald ich ihre Tische umgestoßen und ihr schmutziges Geld ein bisschen durch die Gegend gekickt habe. Ich lasse nicht zu, dass das Haus meines Vaters oder das Volk meines Vaters so behandelt wird, basta. Hinterher sage ich ihnen vielleicht auch, dass ich sie liebe ...“

Für mich liegt auf der Hand, was wir aus alledem lernen können.

Erstens ist es nicht unser Auftrag, das Leben derer zu überwachen, die auf der Suche nach Hilfe zu uns kommen. Wenn er nicht verdammt, wie zum Geier (wie meine Mutter zu sagen pflegte) kommen wir dann dazu? Ich bin vielen Christen begegnet – und war selbst in der Vergangenheit einer davon –, die solche Angst davor haben, Gott im Stich zu lassen, indem sie den Anschein erwecken, Sünde gutzuheißen, dass sie der einfühlenden, einfallsreichen, verändernden Kraft des Heiligen Geistes überhaupt keinen Raum mehr lassen. Schade eigentlich, oder?

Freilich gibt es auch Momente, in denen klare Worte gefragt sind. Bridget und ich haben das schon einige Male erlebt. Bei solchen Gelegenheiten ist es uns wichtig, ständig darauf zu achten, dass wir nicht unser eigenes Süppchen kochen.

Unter dem Strich gilt – und das ist eine schlechte Nachricht für Leute, die saubere Lösungen und klare Grenzen lieben –, dass man nie so einfach sagen kann, was unter dem Strich herauskommt. Wir können nicht wissen, was Gott in einer bestimmten Situation tun wird, egal, was er letzten Donnerstag oder am Dienstag davor getan hat. Ehebruchsprobleme lassen sich auch nicht durch strikte Anwendung der Methode „in den Sand schreiben, nichts sagen, dann etwas sagen und dann wieder in den Sand schreiben" lösen. Das wird nicht funktionieren. Etwas anderes wird funktionieren. Genauso wenig hat es Sinn, Tische durch die Gegend zu schmeißen, wann immer Leute ihre Macht missbrauchen. Die richtige Reaktion wird anders aussehen. Die Lösung wird auf die Situation zugeschnitten sein. Ärgerlich, was? Aber auch ziemlich aufregend.

Und was bedeutet das nun in der Praxis? Gute Frage.

Ich habe über ein einschlägiges Beispiel nachgedacht. Eingefallen ist mir ein Moment in Nordirland, als ich mit zwei Männern in schon recht vorgerücktem Alter namens Brian und William zusammensaß. Sie waren gekommen, damit ich mit ihnen betete, wollten aber ihr Problem nicht schildern, solange ich ihnen nicht versprach, über unser Gespräch Stillschweigen zu bewahren. In solchen Fällen erkläre ich den Leuten immer, dass Bridget und ich einander alles erzählen, falls das kein Problem für sie ist. Das scheint nur wenige Leute zu stören. Diese beiden Männer auch nicht. Trotzdem zog sich das Schweigen, bis endlich einer von ihnen sprach, in die Länge. So ein Schweigen kann eine sehr empfindliche Sache sein. Meistens ist es nicht sehr hilfreich, es zu brechen.

„Es ist so", raffte Brian sich schließlich auf. „William und ich, weißt du, wir sind – nun ja, wir sind das, was man ein gleichgeschlechtliches Paar nennt. Schon seit vielen, vielen Jahren. Die Leute in unserer Gemeinde denken, wir wären Cousins, weil ... na ja, weil ..."

„Weil wir ihnen das erzählt haben", warf William leise ein. „Wenn sie die Wahrheit wüssten, gäbe es für uns keinen Platz hier in der Gemeinde, es sei denn, wir würden ... uns ändern. Die verstehen da keinen Spaß. Aber wir sind doch schon unser ganzes Leben lang hier."

„Jedenfalls", fuhr Brian mit etwas belegter Stimme fort, „hat William sich kürzlich untersuchen lassen. Und es gibt schlechte Neuigkeiten. Krebs. Wir ... er hat vielleicht noch sechs Monate. Da wollten wir, dass jemand über uns Bescheid weiß und uns einen Vorschlag machen kann, was wir tun sollten, und ... und einfach mal mit uns betet ..."

Beim Beantworten einer anderen Frage in diesem Buch habe ich versucht, zu beschreiben, wie sehr es mir widerstrebt, vollmundig zu behaupten, Gott habe zu mir gesprochen. Um meine typische Ausweichformel zu gebrauchen, würde ich sagen, wenn Gott tatsächlich zu schwerhörigen Christen wie mir spricht und falls er das bei dieser Gelegenheit getan haben sollte, dann hätte er Folgendes gesagt:

„Lass sie in Ruhe. Lass sie einfach in Ruhe. Ich liebe diese beiden Kerle, und ich will nicht, dass der letzte Teil ihres gemeinsamen Lebens durch irgendwelche Wahrheitsoffensiven oder seelsorgerliche Dampfhammermethoden ruiniert wird. Sprich ein Gebet, gib ihnen gute Wünsche mit und grüß sie von mir. Mit allem anderen hast du nichts zu schaffen."

Habe ich mir das nur eingebildet? Schon möglich. Paulus sagt, dass Glaube, Hoffnung und Liebe die einzigen Dinge sind, die bleiben. Von Gewissheit steht da nicht viel. Ich halte immer Abstand von Gewissheiten. Das ist meine Verhaltensregel.

Welchen Nutzen hat das Fasten?

Mir fällt absolut gar keiner ein, und persönlich bin ich dagegen. Ich habe die Befürchtung, dass da ein folgenschwerer Schreibfehler passiert ist, der dazu führte, dass Tausende sich über Jahrhunderte der Nahrung enthielten, alles nur wegen eines Abschreibfehlers am Freitagnachmittag kurz vor Feierabend. Es hätte *Rasten* heißen müssen, nicht *Fasten*.

Trotz meiner schnippischen Bemerkungen darüber, dass ich von dieser Übung nicht viel halte, weiß ich natürlich, dass Jesus sie sehr befürwortet, was offenkundig viel wichtiger ist. Wie man an der Bergpredigt sehen kann, setzte er als selbstverständlich voraus, dass seine Anhänger fasten. Er sagte nicht, „falls", sondern „wenn" ihr fastet. Oh je. Dann rechnete und rechnet er also damit, dass seine Anhänger zeitweilig den Kühlschrank links liegen lassen. Aber wieso?

Nun, die wenigen Male, die ich gefastet habe (beachte bitte, dass ich das auch anders hätte formulieren können und offen gestanden sehr in Versuchung war, den Eindruck zu erwecken, als würde ich zwar widerwillig, aber regelmäßig fasten), hat das tatsächlich dazu geführt, dass ich mehr Fokus und Klarheit gewonnen habe. Fasten ist gut für uns, nicht für Gott. Es ist keine geistliche Erpressung, kein Hungerstreik als Nachdruck für unsere Gebete, um Gott zu beeinflussen und ihm den Arm umzudrehen. Sondern es ist eine nützliche Übung, das unaufhörliche Hin und Her der Gabel zwischen Teller und Mund mal für eine Weile zu unterbrechen. Das Essen kann uns beherrschen, und deshalb hilft uns das Fasten, zu erkennen, wer oder was in unserem Leben das Sagen hat.

Freilich habe ich in dieser Übung bisher jämmerlich versagt und kann mir nur vornehmen, es in Zukunft besser zu machen.

Peinlich berührt erinnere ich mich daran, wie ich als ganz junger Pastor gemeinsam mit einigen Kollegen beschloss, so lange zu beten und zu fasten, bis wir in unserer Stadt einen geistlichen Durchbruch erleben würden. Unsere Strategie war alles andere als lässig. Die Verheirateten unter uns sagten unseren Frauen, wir würden uns in der Wohnung eines der alleinstehenden Pastoren einnisten und erst wieder nach Hause kommen, wenn wir den Eindruck hätten, unser Werk sei vollbracht, wie viele Tage oder Wochen es auch dauern mochte.

Natürlich brachte dieser hemmungslose Enthusiasmus zwei erhebliche Probleme mit sich. Erstens hatten wir nur wenig Erfahrung mit längeren Fastenzeiten (wobei „länger" für mich schon damit anfängt, hin und wieder eine Mahlzeit auszulassen und gelegentlich mal einen Tag lang nichts zu essen). Und dann kam noch eine Schwierigkeit hinzu, mit der keiner von uns gerechnet hatte. Wir hatten nämlich keine Ahnung, wie dieser „geistliche Durchbruch", den wir so innig erstrebten, eigentlich aussehen sollte, sodass wir auch keine Ahnung hatten, wann es Zeit zum Aufhören war.

Wir sagten unseren Frauen Lebewohl und erklärten ihnen unter Tränen, wir wüssten nicht genau, wie lange es dauern würde, bis wir sie wiedersähen. Ihr nachsichtiges Lächeln deutete darauf hin, dass sie schon wussten, dass unsere ausgedehnte Gebetszeit sich eher nach Stunden bemessen würde als nach Wochen inbrünstigen Ringens im Gebet.

Und unsere Frauen lagen vollkommen richtig. Wir beteten einige Stunden lang, oh ja, bis spät in den Abend. Nach einer Weile begannen uns die Worte zu fehlen, und unseren rumorenden Mägen mangelte es an Nahrung. Es steigert den Appetit enorm, wenn man sich bewusst entscheidet, nichts zu essen. Wenn du erst anfängst, zu überlegen, wie das Sofa wohl schmecken mag, weißt du, dass du jetzt richtig Hunger hast.

Und dann kam der befreiende Moment. Einer von uns ergriff das Wort, zunächst zögernd, und schaute sich hilfesuchend im Zimmer um, weil er nicht derjenige sein wollte, der die essensfreie Party zu zeitig beendete. Aber die Gruppe war vollkommen einverstanden mit dem zaghaften Vorstoß, als einer von uns sagte: „Jungs, ich habe das Gefühl, unsere Arbeit hier ist getan. Unsere Gebete wurden erhört. Gehen wir nach Hause, und legen wir uns schlafen ..." (Man beachte den unausgesprochenen Nachsatz: „... nachdem wir etwas gegessen haben.")

Und so waren wir schon bald wieder mit unseren immer noch grinsenden und nicht im Mindesten überraschten Frauen vereint, voller Dankbarkeit gegenüber demjenigen, der uns die „prophetische" Einsicht weitergegeben hatte, die das Ende unseres kurzen Klosterlebens einläutete.

Ihr fragt euch vielleicht, wer es war, der an jenem Abend das Wort ergriff. Und zu meiner größten Verlegenheit muss ich sagen – das war ich.

Was ist dein Lieblingsfilm?

Dazu hätte ich mir ja liebend gern etwas einfallen lassen, womit ich mich wie ein kenntnisreicher Cineast angehört hätte. Ein obskurer französischer Film aus den 1960ern wäre perfekt gewesen, vorzugsweise einer ohne erkennbare Handlung oder Bedeutung. Wobei das eigentlich *jeder* französische Film aus den 1960ern hätte sein können. Oder vielleicht etwas offensichtlich Positives und Herzerwärmendes wie *Die Verurteilten*. Oder ein älterer Film wie *Casablanca*. Mit *Der Herr der Ringe* konnte ich nicht so viel anfangen (ich blieb lieber fern der Ringe, hahaha). *Zurück in die Zukunft* hat mir Spaß gemacht, und *Forrest Gump* hat mir ziemlich gut gefallen, obwohl er auch endlos war. *Meine Lieder – meine Träume* war und ist wunderbar. *Ist das Leben nicht schön* habe ich über mich ergehen lassen und fand ihn gar nicht so schön.

Auf der dunkleren Seite habe ich mich bei *Das Schweigen der Lämmer* und *Uhrwerk Orange* richtig gegruselt; Letzterer hat mir echte Angst vor der Zukunft eingejagt. Mich schaudert es immer noch, wenn ich jemanden mit einer Melone auf dem Kopf sehe.

Und mein Lieblingsfilm, den ich schon Dutzende Male gesehen habe? In unserer Familie und unserem Freundeskreis wird ständig daraus zitiert. Ich habe sogar ein paar Originalseiten aus dem Werbepaket des Studios, komplett mit Standfotos und Schwarzweißbildern vom Set, gerahmt in meinem Haus hängen. Er heißt *Liebling, hältst du mal die Axt?* und ist keineswegs ein Horrorfilm, wie man nach dem Originaltitel vermuten könnte, sondern eine witzige, clevere Verarschung der pompösen Künstlerszene von San Francisco.

Dieser Streifen mit Mike Myers und Nancy Travis in den Hauptrollen ist meine Nummer eins, vor allem, weil, wie ein Kritiker (der den Film „banal" fand, ihn aber trotzdem mochte) schrieb, die talentierten Darsteller alle offenbar einen Riesenspaß daran hatten. Hat er eine tiefe, profunde Botschaft? Überhaupt nicht. Hätte er für Regie, Drehbuch oder Darstellung einen Oscar verdient? Nein. Im Übrigen war der Film kommerziell ein

Flop. Die Herstellung kostete zwanzig Millionen Dollar, aber er spielte in den USA nur elf Millionen Dollar ein.

Aber er bringt mich immer wieder zum Lachen, so oft ich ihn auch schon gesehen habe. Es muss ja nicht immer alles Sinn, Zweck und Bedeutung haben.

Was ist das denn für eine Frage?

Jeff

Jeff, trägst du beim Predigen Eyeliner?

Ich weiß, es fällt schwer zu glauben, dass das eine echte Frage ist, aber sie wurde mir tatsächlich an einem der *Seriously-Funny-*Abende gestellt. Die Karte habe ich zum Beweis behalten.

Nein, ich trage keinen Eyeliner. Mit Lippenstift ist das etwas anderes ...

Im Ernst, die Antwort ist ein ziemlich naheliegendes *Nein*. Wenn ich Make-Up tragen würde, dann würde das Ergebnis bestimmt nicht so aussehen wie mein Gesicht.

Selbst wenn ich das Geld dazu hätte, würde ich bei mir nichts „machen lassen" – obwohl ich eine Nase habe, die um die Ecke gucken kann und als Vorlage für einige mir bekannte besonders schwierige Skipisten hätte dienen können. Es gibt schon zu viele Ikonen würdigen Altwerdens, die sich durch das Skalpell eines Schönheitschirurgen in dauergrinsende – oder manchmal auch leicht erschrocken dreinblickende – Fratzen verwandelt haben.

Adrian

Bist du in Wirklichkeit größer als auf dem Bildschirm?

Ich weiß nicht genau, ob sich das auf meine Persönlichkeit bezieht oder auf meine bloßen Körpermaße. Falls Ersteres, so müsste ich wohl zugeben, dass ich gelegentlich enttäuschend zweidimensional sein kann; meistens dann, wenn Leute, die meine Bücher gelesen haben, herumstehen und darauf warten, dass ich irgendetwas Witziges oder Profundes von mir gebe. Am schlimmsten ist es dann, wenn ich irgendetwas Banales sage, um das hallende Schweigen zu füllen, und die Leute dann wie aus Mitleid laut lachen oder anerkennend nicken. Mir graut vor dem Gedanken daran, was sie wohl später sagen, wenn sie nach Hause kommen:

„Seine Bücher muss er wohl von jemand anderem schreiben lassen. Der ist ja so witzig wie ein Sack Mehl."

Egal. Schon der dänische Philosoph und Theologe Søren Kierkegaard sagte, kein Schriftsteller könne je dem Inhalt seiner eigenen Bücher ebenbürtig sein. Wie recht du doch hattest, Søren. Wir beide hätten uns bei ein paar Bierchen und einer Schale Nüsse unten im Pub bestimmt prächtig verstanden.

Wenn sich die Frage auf meinen Körperbau bezog, dann geht dich das einen feuchten Kehricht an – das sage ich in Liebe.

Welche biblischen Geschichten
bringen dich zum Lächeln?

Es gibt ein paar tragikomische Momente in der Bibel, aber man braucht schon einen ziemlich schwarzen Sinn für Humor, um sie zu würdigen. Der Bursche, der sich in einem Zelt von seinen Strapazen erholen wollte und dann einen Zeltpflock durch den Schädel geschlagen bekam, dürfte jedem, der Hitchcock mag, ein schuldbewusstes, schiefes Lächeln entlocken. Dann haben wir Petrus mit seiner unseligen Schwertschwingerei, als er seinen Freund Jesus zu schützen versuchte und dabei einem Kerl säuberlich das Ohr amputiert, worauf dieser vermutlich ein ohrenbetäubendes Geheul anstimmte. Ich lese immer wieder gern die Geschichte von der Heilung dieses Ohrs und stelle mir den verblüfften Ausdruck auf dem Gesicht des vorübergehend einohrigen Mannes in diesem Moment vor. Wer Ohren hat zu hören, der höre. Nun war der Bursche wieder mit einem kompletten Satz ausgestattet.

Aber meine Lieblingsgeschichte ist überhaupt nicht düster, und so richtig zum Brüllen komisch ist sie auch nicht. Die Geschichte von Zachäus bringt mich immer wieder zum Lächeln. Ich meine die bei Sonntagsschullehrern so beliebte Episode, wie Zachäus, der korrupte Steuereinnehmer, auf einen Baum klettert, um Jesus sehen zu können, und dann – in mehr als einem Sinne – herunterkam, als Jesus sich bei ihm zum Essen einlud. Dieses gemeinsame Essen veränderte sein Leben und führte dazu, dass der kleinwüchsige Schwindler fast sein ganzes Bankkonto leerräumte. Wenn der echte Jesus bei dir zu Hause einkehrt, kann es passieren, dass deine Welt einfach stehenbleibt und sich dann auf eine neue Achse ausrichtet.

Wenn ich an diesen Mann denke, wie er sich in der Hoffnung auf bessere Sicht da oben in den Ästen eingenistet hat, stelle ich mir Danny DeVito auf einem Baum vor. Aber was mich eigentlich zum Lächeln bringt – vielleicht eher ein erleichtertes als ein belustigtes Lächeln –, ist das Verhalten des korrupten Steuereinnehmers gegenüber Jesus. Rob Parsons sagte, das Wunder sei nicht so sehr, dass Jesus sich mit Sündern abgeben wollte, sondern es sei viel unglaublicher, dass zügellose, hartgesottene Sünder sich mit Jesus abgeben wollten. Dass sie sich so uneingeschränkt wohl bei ihm fühlten. Die Frommen waren es, die in seiner Gegenwart unbehaglich von einem Fuß auf den anderen traten, die Augen verdrehten und unentwegt indigniert mit den Zungen schnalzten.

Manchmal ist der Jesus in meinem Geist, der, den meine Vorstellungskraft heraufbeschwört, nicht unbedingt jemand, mit dem man sich an einen Tisch setzen möchte.

Er wird zum Verhörer, ja zum fanatischen Inquisitor, der einen mit feindseligen Fragen bombardiert.

Zum Arbeitgeber, der unentwegt Anweisungen brüllt, die Hände in die Seiten gestemmt, die Nasenflügel aufgebläht, der ständig Tabellen überfliegt und Berichte studiert und nie zufrieden ist mit dem, was er da sieht.

Der griesgrämige Richter mit einem dauerhaft ins Gesicht gemeißelten Ausdruck des Ekels, beseelt von einem unheimlichen Drang, sich die schwarze Kappe aufzusetzen und das Todesurteil zu verkünden.

Doch Zachäus erlebte einen anderen Jesus. Einen, bei dem er entspannt sein konnte.

„Noch etwas Wein, Herr? Wie hättest du gern die Oliven?

Vielleicht mit etwas Pitabrot? Wie wäre es, wenn ich den größten Teil meiner unredlichen Gewinne verschenken würde? Tut mir leid, ich habe nichts zum Nachtisch da. Ich hatte mich gar nicht darauf eingerichtet, Gäste einzuladen. Und weißt du, Jesus, dass *sich jemand bei mir einladen* würde, hätte ich schon gar nicht gedacht."

Ich mag das schiefe Lächeln, das mich überkommt, wenn ich mich mit der einen oder anderen eher makabren Geschichte in der Bibel beschäftige.

Aber das erleichterte Lächeln, das daher kommt, dass mir der echte, wunderbare Jesus vor Augen gestellt wird, ist noch besser.

Adrian

Bist du ein Science-Fiction- und Fantasy-Fan?

Nett, mal eine Frage gestellt zu bekommen, in der es nicht gleich um Gott geht. Er ist bestimmt auch erleichtert.

Ich war schon drauf und dran, beide Teile der Frage mit einem entschiedenen „Nein" zu beantworten. Das, was mir an moderner Science-Fiction begegnet, kommt mir größtenteils wie Tolkien auf Speed vor. Doch wie sich bei so vielen dieser Fragen zeigt, ist auch diesmal die richtige Antwort ein bisschen schwerer fassbar.

Als ich noch viel jünger war, mochte ich die aufregende Machbarkeit in den Werken von Isaac Asimov und war geradezu gebannt von Ray Bradburys düster-schrägen Kurzgeschichten. Das allererste Buch, das ich mir als Teenager aufgrund einer Rezension in der Zeitung kaufte, war Bradburys Geschichtensammlung unter dem Titel *The October Country* (dt. *Familientreffen*). Besonders in Erinnerung ist mir das angenehme Gruseln bei einer Geschichte namens „The Crowd" über einen Mann, dem etwas sehr Merkwürdiges an den Leuten auffällt, die sich um Verkehrsunfälle scharen. Lest die Geschichte, wenn ihr meint, ihr könnt verkraften, was dieses Merkwürdige ist.

Ich fand diese gut geschriebenen Ausflüge in die entlegeneren Gebiete der Vorstellungskraft sehr inspirierend. Aufregend zu wissen, dass die Grenzen des Erfahrbaren und der Wirklichkeitswahrnehmung sich ausweiten und umformen ließen, einfach indem ein Schriftsteller es so verfügte. Warum sollte man sein Leben damit verbringen, irgendetwas anderes zu tun?

Wie beflügelnd solche Möglichkeiten sein konnten, hatte ich schon in viel jüngerem Alter gemerkt, als ich auf Lewis Carrolls fantastische Klassiker *Alice im Wunderland* und *Alice hinter den Spiegeln* stieß. Im ersten Band döst Alice am Bachufer vor sich hin, als sie ein weißes Kaninchen in Menschenkleidern erblickt, das eilends zu einer dringenden Verabredung unterwegs ist. Als es in einem Kaninchenloch verschwindet, folgt ihm Alice und landet in einer Halle in einer seltsamen Welt, umringt von Türen verschiedenster Größe. Durch eine davon, eine Öffnung, die für sie viel zu klein ist, erblickt sie einen wunderschönen Garten. Nachdem sie aus einer Flasche mit der Aufschrift TRINK MICH getrunken hat, schrumpft sie mit erschreckender Geschwindigkeit und kann diesen Prozess nur dadurch anhalten und umkehren, dass sie einen Kuchen mit der Aufschrift ISS MICH verspeist.

Schon an diesem frühen Punkt in der Geschichte war es um mich geschehen. Wahrscheinlich war es so etwas wie die literarische Entsprechung eines modernen Computerspiels. Die Wirklichkeit spielte keine Rolle für das, was dort geschah. Alles konnte passieren, und es passierte auch viel, bis es schließlich in Alices triumphierender Erkenntnis gipfelte: „Ihr seid nichts weiter als ein Spiel Karten!" Ich spüre noch heute die Mischung aus Erleichterung und Enttäuschung, die ich empfand, als ich diese Worte zum ersten Mal las – Erleichterung, weil die albtraumhafte Fantasie sicher zwischen den Deckeln eines Buches verstaut war, und Enttäuschung aus genau demselben Grund.

Nachdem ich beide Alice-Bücher jeweils drei- oder viermal gelesen hatte, empfand ich so etwas wie Kälte und Verlorenheit. Keine Alice mehr! Lewis Carroll war für Leser und Verleger nicht mehr erreichbar. Von ihm war nichts Weiteres mehr zu erhoffen.

Es musste doch noch mehr von Alice kommen! Aber wie?

Von Ehrgeiz beflügelt, fing ich an, *Alice im Flussland* zu schreiben, die Geschichte eines kleinen Mädchens, das in einem Ruderboot tief einschläft, über die Reling purzelt und auf dem Grund des Flusses eine seltsame, traumartige Welt entdeckt.

Dieses unvollendete Meisterwerk hat – vermutlich dankenswerterweise – die Jahrzehnte nicht überdauert, aber der Funke, der es zum Auflodern brachte, ist mir bis heute so etwas wie ein Leuchtfeuer in meinem kreativen Bewusstsein, wie ich es gerne nenne. Im Rückblick wird mir klar, dass damals etwas ganz Grundlegendes in meiner kleinen, aber sehnsuchtsvollen Seele geschehen war. Das fiktive Erzählen, und besonders das fantastische Erzählen, hatte mir einen unerwarteten Weg in die Freiheit beschert. Falls und wenn ich jemals ein richtiger Schriftsteller werden sollte, würde ich am Hebel sitzen. Ich würde bestimmen, wo es langgeht.

Freilich hat sich inzwischen herausgestellt, dass Gott auch etwas dazu zu sagen hatte.

Jeff

Wo und von wem hast du deinen ersten Kuss bekommen?

Von einem wunderhübschen Mädchen auf einer Cowboyparty an der Gesamtschule, auf die ich ging. Ihre Namen verrate ich lieber nicht – womöglich liest das hier jemand aus meiner Schulzeit und erkennt den Namen wieder. Ich glaube, ich war sechzehn, und ich hatte ein Westernkostüm an, mit einem roten Halstuch und einem Hut, mit dem man die Sonne hätte verfinstern können. Eigentlich ein Wunder, dass ich mit dieser lächerlichen Aufmachung überhaupt geküsst wurde. Und die Krempe des riesigen Hutes hätte jeden bewusstlos schlagen können, der sich nah genug heranwagte für einen Händedruck, geschweige denn einen Kuss. Wenn meine Erinnerung mich nicht trügt, war es ein ausgesprochen köstlicher Kuss, aber leider habe ich mich hinterher wie ein Trottel benommen. Ich glaube, die erwähnte junge Dame deutete unsere recht kurze Lippenberührung so, dass zwischen uns eine Beziehung bestand, doch ich (übelst verspottet von meinen Freunden ob dieser flüchtigen Knutscherei) zog es vor, sie am nächsten Tag komplett zu ignorieren. Ein paar Jahre nach dem Schulabschluss sah ich sie einmal auf der Straße, und sie fixierte mich mit ihrem Blick. Offensichtlich erkannte sie mich als den Lumpen, der sie geküsst und sich dann aus dem Staub gemacht hatte. Sie warf mir einen vernichtenden Blick zu und würdigte mich dann keiner weiteren Aufmerksamkeit. Und ich kann es ihr kein bisschen verdenken.

Adrian

Wie schaffst du es,
dich jeden Abend so spontan anzuhören?

Wie schafft es ein großer Schinken, so verführerisch zu glänzen, wenn er mit Honigglasur bestrichen in den heißen Ofen gesteckt wird? Beantwortet das deine Frage?

Jeff

Wann und wo fühlst du dich Gott am nächsten?

Das ist eine knifflige Frage. Ich bin mir nie so ganz sicher über die Echtheit meiner Gefühle. Manchmal glaube ich, Gottes Nähe zu spüren und einen Anflug seiner Stimme zu hören, aber andererseits kann ich nicht genau wissen, ob diese Empfindungen durch das entstehen, was wir vage als die Gegenwart Gottes bezeichnen, oder sie ganz woanders herkommen – zum Beispiel daher, dass mein Leben über einige Zeit in geordneten Bahnen verläuft, dass am Horizont die Sonne mit einem überschwänglichen Farbenspiel versinkt, von der kuscheligen Wärme eines knisternden Kaminfeuers und eines guten Glases Wein mit Freunden oder von einem geschickt gesetzten Tonartwechsel während der Lobpreiszeit. (Manchmal fange ich mitten im Lobpreis an zu weinen, wenn wir von C auf D wechseln. Ist einfach so.) Und da ich weiß, wie sehr Adrian eine anständige Tasse

Tee schätzt – und ich diese Wertschätzung teile –, sollte das hier auch nicht unerwähnt bleiben.

Daraus ergeben sich zwei entscheidende Fragen:

a) Projiziere ich vielleicht Gott bloß in das angenehme Gefühl des Wohlbehagens, das ich empfinde, wenn die eine oder andere der oben genannten Bedingungen vorliegt?

b) Oder hat Gott Sonnenuntergänge/guten Wein/Tee/Tonartwechsel in der Musik so arrangiert, dass sie uns helfen, uns ihm näher zu fühlen?

Wo wir gerade von Adrian sprachen: Er hat mir vor Jahren einmal gesagt, dass meine Gefühle kein Barometer für mein geistliches Leben sind. Das war ein wirklich befreiendes Gespräch.

Also, ich liebe das warme Wohlgefühl, aber ich traue ihm nicht ganz über den Weg.

Allerdings gibt es auch Momente, in denen ich eindeutig Gottes Nähe spüre. Ich würde ja jetzt gerne sagen können, dass das immer während eines ausgedehnten Klosteraufenthaltes auf einer einsamen, gälischsprachigen Insel nördlich vom Rest der Welt geschieht, aber das wäre gelogen, da ich mich noch nie in einem Kloster aufgehalten habe, egal, wo, vor allem, weil Mönchszellen einfach zu still für mich sind und es keinen Fernseher gibt, von Sky ganz zu schweigen.

Es gibt einen Ort, wo ich tatsächlich Gottes Nähe spüre, aber das ist kein geografischer Ort. Ich scheue mich ein wenig davor, davon zu erzählen, aber na gut.

Ich fühle mich Gott am nächsten, wenn ich versagt habe.

Wenn ich Mist gebaut habe, absichtlich oder aus Versehen, wenn ich etwas Falsches gesagt oder getan habe, wenn ich wegen einer schlechten Entscheidung vor Scham vergehe, wenn ich vollkommen elend und unwürdig fühle, zur Familie Gottes zu gehören – dann spüre ich ihn ganz nahe.

Es macht mir Angst, das zu sagen, weil man ja daraus schließen könnte, wir sollten am besten sündigen, was das Zeug hält, um Gott nahe zu spüren, und das ist natürlich überhaupt nicht der Gedanke dahinter. Die Bibel warnt uns vor gedankenlosem Hedonismus: „Sollen wir denn in der Sünde beharren, damit die Gnade umso mächtiger werde?" (Römer 6,1.)

Aber Moment. Ist es denkbar, dass diese Warnung gerade deswegen nötig war, weil sich unser Bewusstsein der Gnade tatsächlich vervielfacht, wenn wir wissen, dass wir Mist gebaut haben? Wann fühlte sich der verlorene Sohn seinem Vater am nächsten; wann waren seine Dankbarkeit, seine Erleichterung am größten? Das war nach seinem Ausflug in den Schlamm des Schweinekobens. Sein selbstgerechter großer Bruder dagegen blieb bei dem großen Fest außen vor, ausgesperrt durch sein eigenes Gefühl der Überlegenheit und moralischen Empörung. Wann empfand die Frau, die beim Ehebruch ertappt worden war, die größte Dankbarkeit gegenüber Jesus? Als ihre geplante Steinigung abgesagt wurde.

Auch wenn es sich also vielleicht ein bisschen nachgiebig gegenüber mir selbst anhört, es ist schlicht und einfach so, dass ich mich Gott am nächsten fühle, wenn ich am stärksten spüre, dass ich ihn brauche. Und wenn ich mich in sündige Dummheiten verstrickt oder gestürzt habe – nun, genau dann brauche ich ihn am meisten.

Adrian

**Adrian, gibt es ein Anagramm für deinen Namen?
Ich habe NASAL RAPIDS.**

Manchmal bin ich ziemlich langsam. Als ich diese Worte hörte, dachte ich zuerst, es wäre eine Frage, gefolgt von einem kläglichen Flehen um Mitgefühl. Wie schrecklich, wenn man unter so etwas Scheußlichem wie „Nasal Rapids" leidet. In so einem Zustand kann man sich ja nicht vor die Tür trauen. Man müsste wahrscheinlich Firmenanteile bei Tempo kaufen, oder?

Ja ja, schon gut, ich hab's inzwischen verstanden. Und ich muss sagen, das ist wahrscheinlich das beste Anagramm für meinen komischen Namen, das ich je gehört habe. Also alle Achtung, wer immer das herausgefunden hat. Meine eigenen Versuche waren dagegen eher kläglich. PANDA ALS SIR war einer davon. Was für eine schaurig surreale Zusammenstellung von Bildern. Da hätte wohl selbst Salvador Dalí gezögert, sie auf die Leinwand zu bannen. Das heißt, wenn ich so daran zurückdenke, wie wir als Familie einmal das Dalí-Museum in Figueras besuchten, könnte ich mich auch irren. Wahrscheinlich hätte er die Herausforderung genossen.

Das einzige Anagramm, das mir sonst noch vorgeschlagen wurde, war ASPIRIN SALAD. Nicht schlecht, aber Puristen erkennen natürlich sofort das Problem. Die Buchstaben und die Rechtschreibung müssen schon genau hinhauen, nicht wahr?

Es ist immer wieder interessant, wie solche Dinge sich verreiten. Das mit den Anagrammen fing bei mir vor fast dreißig Jahren an, als ich die wöchentliche Kolumne schrieb, aus der später das *Tagebuch eines frommen Chaoten* wurde. Mister Billy Graham war ein Anagramm von HYBRIS GELLT AM RIMA. Die Buchstaben von Michael Jackson lassen sich so umstellen, dass NA JA, MILCHSOCKEL herauskommt. Enttäuschenderweise hätte sich aus Graham Kendrick um ein Haar GRANDMA KICKER machen lassen, wenn dabei nicht dieses eine „h" übriggeblieben wäre. Furchtbar ärgerlich.

Dann fingen die Leser an, mir ihre eigenen Anagramme zu schicken, und viele davon waren ausgesprochen clever und faszinierend. „Barmherzigkeit" lässt sich zu BIER KRIEGT ZAHM umstellen. „Schwiegermutter" ist unglaublicherweise ein Anagramm für WUERGT RECHT MIES, aus „Die Beatles" wird BADET LEISE, und aus „Harmagedon" könnte man spannenderweise auch OMA, GEH DRAN bilden.

Besonders wichtig ist mir, der Nachwelt zu überliefern, dass „lieb" ein Anagramm für BLEI und, noch bedeutsamer, dass „Liebesleid" ein Anagramm für „BLEI-DIESEL" ist.

Muss ich noch mehr sagen? Nein, ihr habt recht.

Knüllst du oder faltest du dein Toilettenpapier?

Das ist wirklich eine äußerst persönliche Frage, die ich nicht kommentieren möchte.

Stattdessen möchte ich eine kleine Toilettengewohnheit weiterempfehlen, die ich früher ekelhaft fand. In vielen Teilen Asiens wird überhaupt kein Toilettenpapier verwendet, weil sich die Leute ihre unteren Regionen mit Wasser waschen. Ich fand das immer grauenhaft, bis mich kürzlich eine Reise nach Thailand eines Besseren belehrte. Abflussrohre in Thailand haben einen kleineren Durchmesser als im Westen, und deshalb verursacht Toilettenpapier dort die klempnerische Entsprechung eines Verkehrsstaus. Also gibt es dort neben den Klos immer Wasserdüsen, mit denen man sich den Südpol waschen kann. Das ist natürlich viel reinlicher als unsere eher primitiven Methoden, und es funktioniert auch sehr gut, solange das Wasser (a) angenehm warm ist und (b) nicht mit 50 bar aus der Düse geschossen kommt. Wenn du das mal ausprobierst und merkst, dass dir Wasser aus den Ohren sickert, ist der Druck vermutlich zu hoch eingestellt. So, und ab jetzt werde ich nie wieder ein Wort über dieses Thema verlieren ...

Adrian

Hast du einen Lieblingswochentag?

Während ich dies schreibe, bin ich seit sechsundsechzig Jahren, fünf Monaten und einem Tag am Leben, zusammen genommen also seit vierundzwanzigtausendzweihunderteinundvierzig Tagen. Anders gesagt, habe ich dreitausendvierhundertdreiundsechzig Wochen genossen (oder manchmal auch nicht genossen). Das bedeutet, dass ich jeden Wochentag bereits dreitausendvierhundertdreiundsechzig Mal erlebt habe, einschließlich des heutigen Montags.

Im Laufe dieser langen Zeit habe ich mir sehr dezidierte Ansichten und Eindrücke im Zusammenhang mit allen sieben

Tagen der Woche angeeignet. Hier sind sie. Du empfindest das vielleicht anders, aber das macht gar nichts. Was dem einen sein Dienstag, ist der anderen ihr Donnerstag.

Der Montag ist für die meisten Leute so grau und platt wie Schiefer. Es regnet, selbst wenn es nicht regnet. Auch wenn die Sonne scheint, regnet es. Auch wenn Trockenheit herrscht, regnet ist. Selbst wenn es so trocken ist wie die größte Trockenheit der Weltgeschichte – wollt ihr mal raten? Genau, es regnet.

Freilich nicht auf mich. Ich arbeite zu Hause. Ich sitze an meinem Schreibtisch in meinem gemütlichen Arbeitszimmer. Der Montag ist für mich so zauberhaft blau wie das Ei einer Heckenbraunelle. Ich mag ihn, und er mag mich. Ich bleibe trocken. Auch wenn es regnet, schaue ich gern von meinem behaglichen Plätzchen dabei zu. Ich wünsche euch einen schönen Tag bei der Arbeit, euch allen, die ihr das Haus verlasst, um zur Arbeit zu gehen. Werdet nicht zu nass.

Der Dienstag ist irgendwie rundlich und schwabbelig. Ein Tag voller Wackelpudding, den die Leute in alle möglichen Formen schieben, wenn sie plötzlich merken, dass da noch Dinge vom letzten Freitag anstehen, die sie am Montag hätten erledigen sollen, die sie aber nicht getan haben, weil sie keine Lust hatten. Der Dienstag ist grün. Kein helles, fröhliches Grün, allenfalls eine Nuance weniger verdrießlich als die Farbe von Erbsenpüree.

Der Mittwoch ist braun wie ein gebeizter Zaun. Er ist ein ziemlich erwachsener Tag, der einem mit flacher, strenger, hölzerner, heimwerkermäßiger Stimme sagt, man solle bitte schön jetzt endlich mal was Praktisches gebacken kriegen, bevor man die ganze Woche vergeigt hat. Manchmal macht sich der Mittwochabend ganz unerwartet schick und tanzt ein bisschen herum, aber nur, wenn man während des Tages irgendetwas erreicht hat. Ganz unter uns, der Mittwoch ist ein bisschen sehr von sich eingenommen.

Der Donnerstag ist ein seltsamer Tag. Ein Einhorn von einem Tag. Seine Farbe? Grau. Silbergrau. Eher wie ein feines Kettenhemd als wie Schwermetall. Donnerstag ist eine Frau, glaube ich. Sie weht und wallt und winkt uns auf jenen glitzernden Pfad, der uns schließlich zum Freitag führt.

Alles Mögliche kann an einem Donnerstag passieren. Manchmal tut es das auch.

Freitag. Ach, Freitag! Der Freitag ist ein brutzelndes, Fische bratendes, knisterndes Feuer von einem Tag, genau der richtige Tag, um nach der Arbeit oder nach der Schule nach Skipton zu Bizzie Lizzie zu gehen und sich eine Jumboportion Fish & Chips mit dienstagfarbenen Erbsen und Brot und Butter zu holen. Aaaaah!

Der Freitag hat die Farbe der Scheite in einem lodernden Feuer. Er führt mir vor Augen, dass der Mittwoch von vor zwei Tagen so laut rufen kann, wie er will, es macht keinen Unterschied, denn der Freitag flüstert und summt mir ins Ohr: „Keine Sorge, das Wochenende ist fast da ..."

Der Freitagabend ist meistens das Beste am Samstag.

Der Samstag ist gelb, fast golden, aber nicht ganz. Die Sandstrände des Samstags sind äußerst verlockend. Ein Spaziergang auf der Suche nach exotischen Muscheln. Finden tut man fast nie welche, aber es könnte ja sein. Der Samstag spielt eine sanfte Melodie der Ermutigung, aber dazwischen lässt er auch ein paar scharfe, herausfordernde Akkorde erklingen. Ach, Samstag, mein Freund, was für zarte, stille Hoffnungen habe ich über die Jahre in dich gesetzt. Manchmal wurde ich nicht enttäuscht.

Aber warum nur, warum gibst du dich mit diesem Sonntag ab?

Der Sonntag ist ein Sturm. Manchmal ein gedämpfter Sturm wie ein Unglücklichsein, das es nie ganz bis zum Weinen bringt, und manchmal wird der Himmel richtig schwarz, durchzuckt von überwältigenden weißen Lichtblitzen. Der Sonntag hat eine Identitätskrise. Vielleicht kommt das daher, dass er zwischen Samstag und Montag eingezwängt ist.

„Ich finde, ich hätte auch ein Samstag sein können", sagt der Sonntag traurig. „Früher war ich sogar einer. Ich weiß es nicht mehr genau. Egal. Und nur, um das klarzustellen: Ich trage keinerlei Verantwortung für den Montag."

Der Sonntag ist entweder Gottes freier Tag oder der freie Tag der Menschen. Das eine oder das andere. Oder beides. Kein Wunder, dass er verwirrt ist.

Das war's dann also. Das sind die Tage meines Lebens. Euch einen schönen Tag.

Jeff

Mein Mann Graham ist sicher, wenn ihr beide euch privat unterhaltet, seid ihr nicht so vorsichtig wie in der Öffentlichkeit. Fällt es dir schwer, deine öffentlichen Äußerungen zu entschärfen?

Nun, wenn der liebe, wenn auch etwas argwöhnische Graham meint, wir beide würden uns gegenseitig mit schauderhaften dreckigen Witzen erheitern, dann irrt er gewaltig. Aber wenn er denkt, dass wir im privaten Gespräch weniger reserviert und unverblümter sind als in der Öffentlichkeit, dann hat er natürlich recht.

Wo wir gerade bei dem Thema sind: Manchmal haben es christliche Leiter zu eilig damit, dem armen Publikum unausgegorene Gedanken angedeihen zu lassen, bevor sie Gelegenheit hatten, gründlich darüber nachzudenken oder privat darüber zu sprechen. Und ich habe eine riesige Akte mit „schwebenden" Themen und Lehrfragen, bei denen die theologische Jury in meinem Kopf noch mitten in den Beratungen steckt.

Aber Graham hat völlig recht. Vieles von dem, worüber Adrian und ich uns privat unterhalten, wird die Öffentlichkeit nie zu hören bekommen. Das gehört zu einer echten Freundschaft dazu.

Adrian

Adrian, was hat dich dazu inspiriert, doch noch ein weiteres Tagebuch zu schreiben?

Das Übliche. Das wirkliche Leben. Seit Mitte 2009 waren Bridget und ich intensiv an der Auferstehung von Scargill House beteiligt, einer christlichen Tagungsstätte und Lebensgemeinschaft in Yorkshire. Das war eine turbulente Erfahrung, begleitet von allen emotionalen Höhen und Tiefen, die man sich vorstellen kann. In manchen Nächten boxten wir wütend und verzweifelt auf unsere Kissen ein, und zu anderen Zeiten waren wir überwältigt von staunender Faszination oder schierer Erleichterung, als wir merkten, dass unsere Unzulänglichkeit kein Hindernis für das seltsame und unvorhersehbare Wirken Gottes unter den Gästen und in der Gemeinschaft war.

Nachdem wir einmal die informelle Atmosphäre und das Ja zu der konstruktiven Ungewissheit fest etabliert hatten, schien alles möglich zu sein. Das Problem war, ist und bleibt, uns diese wohltuende Formlosigkeit zu bewahren angesichts des allzu menschlichen und verständlichen Wunsches, eine dieser angenehm harmlosen und ziemlich unnützen Einrichtungen zu schaffen, bei denen Gottes Name zwar auffällig auf dem Briefkopf prangt, seine Rolle aber ganz eindeutig nicht-exekutiv ist.

Nach meiner Erfahrung bringen harte Zeiten, harte Arbeit und mit Mühe behaltene Nerven immer viel Gelächter hervor. Gewisse Muster treten an den Tag. Dinge, die einem schrecklich wichtig vorkamen, entpuppen sich als lächerlich banal. Kleine Geschehnisse bewirken unerwartete und dramatisch positive Konsequenzen. Die Spannungen und Gegensätze, gepaart mit einer ständigen verwirrten Erschöpfung, sind immer gut für ein Lachen oder ein paar Tränen oder auch für beides.

Nachdem ich all diese Dinge drei Jahre lang beobachtet hatte, war ich einfach machtlos. Es war einfach zu verführerisch. Ich fing an, mir eine Gemeindefreizeit an einem Ort vorzustellen, der Ähnlichkeit hatte – aber keineswegs identisch war – mit dem, wo wir arbeiteten. Von diesem Augenblick an ging ich mit einem weiteren *Tagebuch* schwanger, und ich kann euch gar nicht sagen, wie herrlich es war, einige meiner alten Figuren wiederzusehen und die eine oder andere neue kennenzulernen.

Ob ich je noch ein weiteres schreiben werde? Keine Ahnung. Da musst du schon Gott fragen. Er sagt mir nie, was ich schreiben soll, wenn ich ihn frage, aber vielleicht verrät er es ja dir. Sag Bescheid, falls du etwas hörst, ja?

Jeff

Wie würdest du Gottes Humor beschreiben?

Gewaltig. Ironisch. Ungeheuerlich.

Er hat sich die aufblasbaren Backen der Ochsenfrösche ausgedacht. Und die immerzu gereizt dreinblickenden Nashörner. Das horrorfilmartige Starren der Muräne. Mich. Adrian.

Adrian

Wer ist witziger, du oder Jeff?

Ah, mein Stichwort für liebenswerte Bescheidenheit.

Wir sind beide auf unsere Weise ziemlich komische Käuze, aber wenn deine Frage darauf abzielt, wie amüsant wir sind, dann hoffe ich doch, dass wir beide unsere Momente haben. Einer der wesentlichen Vorteile, die es hat, ohne Skript zusammen öffentlich aufzutreten, ist, dass jeder von uns ein Thema an den anderen weiterreichen kann und dann weiß, dass der andere schlimmstenfalls *irgendetwas* oder im besten Fall etwas sehr Witziges oder sehr Bewegendes dazu sagen wird.

Vielleicht spiegelt sich darin die Tatsache, dass wir beide, mal mit mehr, mal mit weniger Erfolg, kreativ aus dem Brunnen der Emotionen schöpfen. Dass wir immer die witzige Seite sehen, ist wahrscheinlich unsere Art, damit fertigzuwerden, dass unsere Haut nicht dick genug ist, um jemals beständigen Frieden zu erlangen. Und ehe ich jetzt aufgrund dieser Aussage einen summenden Schwarm Seelsorgeangebote verscheuchen muss, ich bin völlig ausgesöhnt mit meinem dermatologischen Defekt, herzlichen Dank. Der Nutzen überwiegt die Nachteile deutlich, besonders für hauptberufliche Schriftsteller, die nach Erfahrungen lechzen wie andere nach physischer Nahrung.

Natürlich wird Jeff mir vielleicht in allem widersprechen, was ich zu dieser Frage gesagt habe, zumal er all meiner liebenswerten Bescheidenheit zum Trotz vermutlich erheblich lachfreudiger ist als ich. Andererseits könnte er auch einen auf schüchtern und ehrerbietig machen. So komisch ist er manchmal.

Wo wir gerade beim Thema Humor sind: Vielleicht interessiert es euch zu erfahren, dass ich mich in letzter Zeit mit dem Schreiben von stöhnend schlechten Kalauern beschäftigt habe. Wieso? Das ist ein Mysterium, in dem wir vorläufig wohl alle werden ausharren müssen. Meine nächsten Angehörigen leiden sehr darunter, aber die Manie ist sicher bald vorbei. Inzwischen habt ihr hier zwei glänzende Beispiele:

Ein Freund rief mich in Panik an, weil er sich in einem begehbaren Kühlschrank eingeschlossen hatte. Ich sagte: „Bin in zwei Stunden da. Bleib so lange cool."

Ich schaue mir gern manchmal Filme an. Einmal war ich im Kino – was für ein Film es war, weiß ich nicht mehr, aber ich erinnere mich, dass ich fürchterliches Bauchkneifen hatte, als ich hineinging, und ... ach ja, jetzt fällt es mir wieder ein: Es war *Vom Winde verweht*.

Zum Brüllen, oder? Also, wer ist jetzt der Witzigere?

Daran kann man sich die Zähne ausbeißen!

Jeff

Gibt es Geschichten in der Bibel, die du überhaupt nicht magst? Welche biblische Geschichte gefällt dir am wenigsten?

Die Antwort auf diese Frage wusste ich sofort – die fragliche biblische Geschichte ist nicht nur unschön, sondern geradezu grauenhaft. Ich hasse sie.

Aber im Grunde habe ich eine ganze Liste von biblischen Geschichten, die ich nicht mag. Halt dich fest – jetzt kommen ein paar üble Sachen.

Zum Beispiel die, wo Abraham die Anweisung bekommt, einen Dolch zu nehmen und seinen Sohn Isaak zu töten und zu verbrennen. Ich kann es kaum ertragen, das zu lesen. Mir wird schlecht, wenn das Volk Israel den Befehl erhält, die gesamte Bevölkerung der Stadt Jericho mit dem Schwert niederzumetzeln. Dann ist da die Episode, wo Paulus sich gegenüber dem unzuverlässigen Johannes Markus von einer ziemlich ungnädigen Seite zeigt und ihn aus seinem apostolischen Team schmeißt. Das ist zwar weit entfernt von der Brutalität, die mir aus den Geschichten von Abraham/Isaak und Jericho entgegenschlägt, aber es macht mich wütend, weil doch gerade Paulus als ehemals größter Verfolger der Gemeinde und Christenmörder (man stelle sich einen IS-Kämpfer mit einem fanatischen jüdischen Gesicht vor) so viel Gnade empfangen hatte und doch anscheinend unfähig war, diese Gnade weiterzugeben und einem jungen Mitarbeiter eine zweite Chance zu geben. Diese Entscheidung widert mich an, aber vor allem widerte sie seinen Gefährten Barnabas an – ihr Team spaltete sich an jenem Tag und kam nie wieder zusammen. Traurig.

Am schlimmsten von allen aber finde ich die üble Geschichte von Lot und seinen Töchtern, diesen abscheulichen Vorfall voller Inzucht und Gruppenvergewaltigung. Lot, der mitten in der Stadt Sodom mit ihrer moralischen Verkommenheit lebt, bekommt Besuch von ein paar schnuckeligen Engeln. Diese himmlischen Burschen sehen offenbar ziemlich gut aus, denn bald darauf umzingelt eine Gruppe von Männern, die sie allesamt homosexuell vergewaltigen wollen, das Haus. Als ob dieses obszöne Bild einer Rotte von grölenden Kerlen, die vor gewalttätiger Lüsternheit geifern, nicht schon übel genug wäre, fällt Lots Reaktion darauf noch unsäglich viel schlimmer aus.

Er bietet ihnen stattdessen seine jungfräulichen Töchter an. Ich schreibe das noch einmal, falls der Horror euch beim ersten Lesen noch nicht richtig gepackt hat.

Sein glänzender Einfall war es, seine jungen, unschuldigen Töchter der Horde von Vergewaltigern da draußen vorzuwerfen, und er sagte sogar ausdrücklich, sie könnten mit ihnen anstellen, was sie wollten.

Was?

Die Kommentatoren überschlagen sich mit Erklärungen über die kulturellen Anforderungen der Gastfreundschaft – da sich die Engel unter seinem Dach befanden, war es Lots Ehrenpflicht, sie um jeden Preis zu beschützen. Sicher, Lot stand unter enormem Druck, aber es gab absolut keine Entschuldigung für seine schamlose Bereitschaft, seine eigene Familie auf diese Weise zu opfern. Er wohnte in Sodom, aber offensichtlich hatte Sodom auch in ihm Wohnung genommen. Zum Glück wurde das Angebot nicht angenommen.

Aber es kommt noch schlimmer. Dieser üble, dreckige, widerwärtige kleine Mann wird im Neuen Testament erwähnt, und wenn ich lese, was dort über ihn gesagt wird, rebelliert mein Verstand. Lot wird dort nämlich als „gerecht" bezeichnet.

Wie bitte? Ein Vater, der bereit war, sein eigen Fleisch und Blut einer abscheulichen Horde vorzuwerfen, die sie vermutlich nicht nur entjungfert, sondern dabei auch umgebracht hätte?

Allerdings verweist das auf etwas Bemerkenswertes in Bezug auf den gnädigen Charakter Gottes.

Lot *war* gerecht – im Vergleich zu den unmoralischen, unterdrückerischen, gewalttätigen Leuten, unter denen er lebte.

Samson war ein blutrünstiger, eigenwilliger Frauenheld, aber trotzdem ist er in der geheiligten Liste der Glaubenshelden in Hebräer 11 aufgeführt.

Abraham hat zweimal so getan, als wäre seine Frau Sara überhaupt nicht seine Frau, was zu allen möglichen Irrungen und Wirrungen führte. Doch im Neuen Testament wird er wiederholt als ein Freund Gottes bezeichnet.

Wie es scheint, definiert Gott uns nicht anhand unserer übelsten Momente oder unserer schändlichsten Gedanken, und das ist eine riesige Erleichterung, wenn wir bedenken, wie tief wir alle ohne allzu große Mühe zu sinken imstande sind.

Also, ich kann die widerwärtige Geschichte von Lot und seinen Töchtern wirklich überhaupt nicht leiden. Aber wenn ich Gottes Urteil über diesen jämmerlichen, feigen Waschlappen anschaue, verschafft mir diese schreckliche Geschichte eine seltsame Erleichterung.

Um noch einmal auf eine der anderen erwähnten Geschichten zurückzukommen – die, wo Gott Abraham befiehlt, Isaak mit einem Dolch zu töten – darüber habe ich in den letzten Tagen nachgedacht, und ich muss sagen, dass sie mir näher gekommen ist. Der Grund ist, dass sich hier, glaube ich, ein kleines Drama entfaltet, das davon handelt, wie Gott Abraham zeigte, was er *nicht* wollte.

Lasst mich das erklären. Ich weiß, dass es in dieser erschreckenden Episode im Kern um eine Glaubens- und Gehorsamsprüfung geht. Gott wollte wissen, ob es Abraham ernst damit war, zu tun, was ihm befohlen wurde. Obwohl das Neue Testament, wie gesagt, Abraham immer wieder als Mann des Glaubens und Freund Gottes feiert (und über sein Versagen kaum ein Wort verliert), macht das Alte Testament deutlich, dass Abrahams Glaubenswandel eher ein ausgesprochen unstetes Schlendern war, mit einigen großen Umwegen und Improvisationen entlang des Weges. Unter Mühen lebte er in der Kluft zwischen Gottes Verheißung und ihrer Erfüllung, und ich fühle da sehr mit ihm. Schließlich musste er fünfundzwanzig Jahre warten, nachdem ihm gesagt worden war, er werde der Stammvater eines Volkes werden, bis er die Geburt Isaaks feiern konnte, der erst zur Welt kam, als Abraham hundert Jahre alt war.

In der Zwischenzeit kam er ins Straucheln und ließ sich darauf ein, mit einer Sklavin zu schlafen, um ein Kind zu zeugen. Das war eine Entscheidung, die zu sechzehn Jahren voller häuslicher Spannungen und schließlich zu einem schmerzlichen Abschied führte, als er Ismael enterben musste. Und dann tischte er zweimal die Lüge auf, Sara sei gar nicht seine Frau, was dazu führte, dass andere Männer sie zu sich nahmen, und die Folgen waren durchweg sehr unangenehm.

Jetzt also wird ihm gesagt, er solle seinen geliebten Jungen töten, den Sohn und Erben, auf den er Jahrzehnte gewartet hat. Diesen völlig widersinnigen Auftrag muss er übereinbringen mit etwas anderem, was Gott gesagt hat: dass die Völker durch Isaak gesegnet werden. Was in aller Welt ist da eigentlich los?

Dazu kommt, dass die Bibel, wenn du mal ein bisschen darin herumstöberst, dir ganz deutlich macht, dass Gott Menschenopfer schon immer gehasst hat. Er brachte das Gericht über sein Volk, wann immer es in diesen Brauch verfiel, und klagte durch den Propheten Jeremia, Menschenopfer seien etwas, „was ich weder geboten noch geredet habe und was mir nie in den Sinn gekommen ist" (Jeremia 19,5).

Was also steckt dahinter? Gott wütete wiederholt gegen die grauenhafte Sitte, Kinder irgendwelchen Göttern als Opfer darzubringen. Doch nun befiehlt er Abraham, genau das zu tun. Warum?

Abraham kam aus Ur, wo man Kinder opferte. Er war auf dem Weg nach Kanaan, wo diese schrecklichen Rituale ebenfalls üblich waren. Nun also musste Gott dem Abraham ein für alle Mal zu verstehen geben: Ich will das *nicht*, niemals.

Natürlich hätte Gott nur zu kommandieren und ein strenges Verbot zu erlassen brauchen. Stattdessen aber rief er Abraham auf, die Reise durch die furchtbare, zerreißende Qual zu machen, mit seinem Sohn diesen Berg hinaufzusteigen und ihn für den Opfertod vorzubereiten. Dadurch erfuhr Abraham, welche niederschmetternde emotionale Not dieser abscheuliche Brauch für Eltern wie Kinder mit sich brachte.

Ich glaube, wir müssten etwas mehr nicht nur über das reden, was Gott von uns will, sondern auch über das, was er *nicht* will. Meine Ängste als christlicher Jugendlicher rührten oft aus meiner verzweifelten Entschlossenheit, den Willen Gottes zu tun. Dadurch entstand eine ungesunde Zwanghaftigkeit, die an Fanatismus grenzte. Ich war willens und bereit, den metaphorischen Dolch gegen manche der schönsten Dinge in meinem Leben zu richten, nur weil ich sie so sehr liebte. Eines davon war meine Frau Kay, mit der ich jetzt seit sechsunddreißig Jahren verheiratet bin. Ich quälte mich mit dem Gedanken, meiner Liebe zu ihr zu entsagen, eben weil ich sie liebte, und hätte sie durch meine inneren Kämpfe beinahe verloren.

Abraham machte die Erfahrung, dass Gott uns nicht aufruft, ihn zu besänftigen, sondern ihm zu vertrauen. Damals war ich ganz im Besänftigungsmodus und dachte, Gott würde mich mehr lieben, wenn ich die Dinge, die mir am kostbarsten waren, aufgab und ihm als Opfer darbrachte. Und ich rutsche immer noch häufig in dieses Besänftigungsdenken zurück und will Gott kaufen, ihn bestechen. Aber seine Liebe kann man nicht kaufen. Auf eine Weise, die du und ich niemals völlig begreifen werden (insbesondere im Licht dessen, worüber wir gerade nachgedacht haben), ist der Preis dafür durch Jesus bereits vollständig bezahlt worden.

Dennis Kinlaw hat 1982 in einer Methodistengemeinde hier in Colorado, wo ich heute wohne und einen Teil meiner Arbeit tue, eine Reihe von Erneuerungspredigten gehalten. Darin stellte er sich vor, wie Gott der Vater und Jesus der Sohn zuschauten, wie das Drama mit Abraham und Isaak endete, als Gott Abraham befahl, Isaak zu verschonen und stattdessen ein Widderlamm zu opfern, das sich im Gestrüpp verfangen hatte:

Der Sohn sagte zum Vater: „Wir werden noch einmal hierherkommen, nicht wahr?"

„Ja, mein Sohn, das werden wir."

„Und dann wird sich kein Lamm im Gestrüpp verfangen?"

„Das stimmt, mein Sohn."

„Ich bin das Lamm."

„Du bist das Lamm."

Und deshalb dürfen Lot, dieser feige Versager von einem Vater, der verschlagene Abraham mit seinem verlogenen Schwester-Ehefrau-Verwirrspiel, der aufbrausende, gestrenge Paulus und eine Heerschar weiterer fehlerbehafteter und schwacher Seelen wie du und ich uns mit dazuzählen, wenn es um Gott und seine Gnade geht.

Ja, diese Abraham-Geschichte gefällt mir immer besser ...

Adrian

Ist es schlimm,
wenn ich mich bei Gott beklage?

Wenn es schlimm wäre, hätten wir nicht sehr viele Psalmen überliefert bekommen, oder? In einem großen Teil dieser literarischen Werke der Antike pulsieren Emotionen wie Zorn, Angst, Verratensein und Verzweiflung, und sie sind eine informelle Einladung an uns alle: Komm, sag es, wie es ist. Sag Gott, wie du über ihn denkst. Wirf mit Schlamm um dich, rede dir alles von der Seele. Nur keine falsche Zurückhaltung.

Die Wahrheit wird willkommen geheißen werden.

Glaubst du das? Wirklich? Ich schon, glaube ich. Aber diejenigen von uns, die zwar die Umrisse der geistlichen Freiheit gezeichnet haben, aber nie dazu kamen, sie auch auszumalen, haben damit vielleicht ein Problem. Allzu leicht fühlen wir uns bedrängt und behindert durch die neurotisch positive Kultur, die sich in Gemeinden einschleicht und den echten Glauben verdrängt, wenn es mal wieder so aussieht, als ob irgendeine

Form von Streichelchristentum nicht das hält, was sie versprochen hat.

Brüder, Schwestern, singt mit lautem Dröhnen,
bis wir die bangen Fragen übertönen.

Manchmal gebrauchen Leute den Ausdruck „Gott entehren" für die negativen Reaktionen, die Angst, den Zorn und die Verzweiflung, die uns überkommen, wenn es scheint, als würden all die Verheißungen nicht erfüllt, und wir uns einfach nicht fühlen wie die kostbaren Kinder eines liebevollen Vaters.

Ich persönlich habe keine Lust mehr, mich unter diesem ganzen blöden Verleugnungskram begraben zu lassen. Ja, ich will Gott ehren, und ich glaube, eine Möglichkeit dazu ist es, mit meinen Tränen, Klagen, Enttäuschungen und Gefühlen des Verratenseins geradewegs zu ihm zu kommen. Mag sein, dass er mir darauf allerhand zu erwidern hat, aber das ist okay. Lieber lasse ich mich auf einen ehrlichen Streit mit Gott ein, als dass ich ihn wütend mache, indem ich unnützes Feuer auf seinen Altar lege, so ein falsches, schwächliches Opfer wie das, von dem ihr im ersten Kapitel des Buches Maleachi lesen könnt, wenn ihr wollt.

Der Verfasser des Psalms 88, ein Mann, der offensichtlich am Ende seiner Kräfte ist, beendet seinen lyrischen Leidenskatalog mit den unverblümten Worten: „Mein Vertrauter ist die Finsternis." Irgendwie fehlt einem da die kleine positive Wendung am Ende, oder?

Was haben die unglücklichen Psalmisten gemeinsam? Vielleicht ist das beinahe zu offensichtlich, um es wahrzunehmen.

„Wo würde man ein Blatt verstecken?", fragt Pater Brown.

„In einem Wald", erwidert sein Freund Flambeau.

„Und wo würde man einen Kieselstein verstecken?"

„An einem Strand."

Und wo, frage ich, würdest du einen Menschen verstecken, der ehrlich zu Gott redet?

In den Psalmen, beantworte ich mir die Frage selbst.

Das ist die Gemeinsamkeit all dieser leidgeprüften Leute: Was für eine Finsternis auch immer sie einhüllt, was immer auch in ihnen brodelt, wie groß auch immer der Gegensatz ist zwischen Erwartung und Erfahrung, sie bringen das alles vor den einen wahren Gott und warten dann ab, was er tun oder nicht tun wird.

Natürlich geht es nicht darum, dass wir uns benehmen sollten wie junge Leute, die zum ersten Mal das heimische Nest verlassen und ständig zu Hause anrufen, um ihre Sorgen bei den leidgeprüften Eltern abzuladen, statt auch mal von den Dingen zu reden, die gut laufen. Liebe, Dankbarkeit, Trauer, Hoffnung – all diese Dinge kommen auch in den Psalmen vor, und wir tun gut daran, ihnen ebenfalls Ausdruck zu geben, aber nur, wenn wir das aus ehrlichem Herzen tun können.

In unserer Arbeit mit Gruppen und Einzelnen ermuntern Bridget und ich die Leute manchmal, ihre eigenen Psalmen zu schreiben. Paradoxerweise kann es eine sehr positive Wirkung haben, wenn man negative Emotionen herauslässt. Die folgenden Zeilen sind mein bescheidener Versuch, den Leuten eine Art Vorlage der Ehrlichkeit zu geben, an der sie sich orientieren können:

Ich habe dich nicht klopfen hören
Ich habe dich nicht klopfen hören
Wie laut hast du geklopft?
Weißt du, vielleicht war ich ja oben
Oder im Garten
Geh doch nächstes Mal neben dem Haus entlang
Und ruf über den Zaun

Und was ist mit der Klingel?
Ich habe eine Klingel
Du hast nicht geklingelt
Siehe, ich stehe vor der Tür und klingele
Sind Klingeln etwa nicht biblisch oder so?
Klingeln sind für die Menschen gemacht
Nicht die Menschen für die Klingeln
Findest du nicht?
Manchmal werde ich aus dem Schlaf aufgeschreckt
Von Geräuschen, die, ich könnte schwören,
Von drängenden Knöcheln an einer Tür kommen
So gruselig, mitten in der Nacht
Ich hatte nie die Nerven, mich nach unten zu schleichen
Und zitternd in der kalten Diele zu verharren
Und den Mut zusammenzuraffen, mich der Nacht zu stellen
Der Gedanke, was ich da hereinlassen könnte, war zu be-
ängstigend
Warst das manchmal du?
Habe ich dich da verpasst?
Oder war es immer nur ein Traum?
Und wenn es eine Metapher ist
Dieses Klopfen
Dann ist das Problem
Dass ich nicht weiß, wo meine Fantasie endet
Und deine Stimme anfängt, die zu meinem Herzen ruft
Zu viele Gedanken und Fragen schließen mich ein
Tausend Stimmen flüstern
„Er wird niemals kommen"
Und allzu oft
Viel zu oft
Siegt die Enttäuschung

Jeff

Wovor fürchtest du dich am meisten?

Ich weiß, es ist sowohl ein berühmtes Zitat als auch ein Klischee, aber am meisten fürchte ich mich vor der Furcht.* Ich kenne Leute, die sich durch die furchtbarsten Umstände hindurchlavieren, aber dabei meist Frieden und sogar richtige Freude ausstrahlen. Deshalb glaube ich nicht, dass wir das zu fürchten haben, was uns im Leben widerfährt, sondern dass es entscheidend darauf ankommt, wie wir auf das reagieren, was uns widerfährt.

Vor ein paar Wochen lernte ich wieder einmal, dass Furcht und Angst eine unglaubliche Fähigkeit zur Übertreibung haben und uns am wirkungsvollsten mitten in der Nacht überfallen.

Ich predigte in Malaysia in einer großartigen Gemeinde voller enthusiastischer Seelen, von denen ich mich ein bisschen eingeschüchtert fühlte. Zum einen trugen die meisten von ihnen knallenge Jeans und waren unendlich cool. Aber vor allem folgen sie Jesus in einer mehrheitlich muslimischen Kultur, in der es illegal ist, die Anhänger des Islam, also 99 Prozent der Malaysier, auf das Evangelium anzusprechen. Berichten zufolge gibt es „Erziehungslager", in denen malaysische Konvertiten zum Christentum zwangsrehabilitiert werden, und gelegentlich sollen auch Spione sich unter die christlichen Versammlungen mischen. Die Gemeinde, die ich dort besuchte, brachte mich mit ihrem Engagement und ihrer Leidenschaft in Verlegenheit.

Wir machten einen kurzen Abstecher nach Thailand und

---

* „Das Einzige, was wir zu fürchten haben, ist die Furcht selbst." (Franklin D. Roosevelt in seiner ersten Antrittsrede, 1933.)

mussten dann zurück nach Malaysia fliegen und dort noch einmal übernachten, bevor wir unseren Rückflug nach England antraten. Als wir im Flughafenhotel eincheckten, war ich anfangs erfreut, dann aber ein wenig befremdet über das herzliche Lächeln des Burschen an der Rezeption.

Es entspann sich das folgende überraschende Gespräch:

ER: Ihr Name bitte, Sir?

ICH: Lucas – Jeff und Kay.

ER: Oh, seien Sie beide herzlich willkommen. Mr. Lucas, Sie sind ein großer Mann.

ICH: *(Plötzlich a. verlegen ob der Tatsache, dass ich mir durch zu eifrige Beteiligung an der Lieblingsfreizeitbeschäftigung der Malaysier, dem Essen, ein paar Pfunde zu viel angefuttert habe, aber ebenso auch b. die Möglichkeit erwägend, dass seine Bemerkung sich darauf beziehen könnte, dass wir Leute aus dem Westen in der Regel unsere asiatischen Freunde an Körpergröße übertreffen)* Wie bitte?

ER: Nein, ich meine ... Sie sind berühmt. Ich habe mir vorhin Ihre Website angeschaut. Sie sind ein bekannter christlicher Leiter. Sie haben viele Bücher geschrieben. Ich weiß, wer Sie sind, Sir.

ICH: Ach so. Okay. Vielen Dank.

Wenn ich heute auf die Episode zurückblicke, bin ich mir sicher, er wollte einfach nur nett sein, auch wenn es mir etwas komisch vorkommt, wenn in einem Hotel die Gäste im Voraus erst einmal gegoogelt werden.

Doch so sah ich das nicht, als ich dann in der Nacht um zwei Uhr aus dem Schlaf hochschreckte. Hier ist eine Kostprobe aus den idiotischen Gedanken, die mir da durch den Kopf geisterten.

Das war doch wirklich komisch da vorhin an der Rezeption. Vielleicht war der ja gar nicht einfach nur freundlich. Schließlich sind wir hier in einer Kultur, wo der Islam das Zepter fest in der Hand hält. Vielleicht hat er sich etwas davon versprochen, Kontakt zu einer radikalen Gruppe aufzunehmen und sie hierher einzuladen, damit sie sich uns schnappen ...

Ich griff nach meinem Telefon, googelte nach „IS Malaysia" und fand heraus, dass dort tatsächlich Zellen des IS aktiv sind und dass sie erst kürzlich mit Drohungen gegen Kuala Lumpur von sich reden gemacht hatten.

Alles klar. Der ruft jetzt bestimmt seine Freunde vom IS an. Jeden Moment wird es an der Tür klopfen, und man wird uns verschleppen. Wir werden schreien, aber die anderen Hotelgäste werden es ignorieren, weil sie zu viel Angst haben, um sich einzumischen. Es ist aus mit mir ...

Also stieg ich aus dem Bett, überprüfte das Türschloss und registrierte mit Bestürzung, dass wir im achten Stock waren. Also keine Chance, aus dem Fenster zu springen, wenn die maskierten Männer kamen, um uns zu holen ...

Okay. In Wirklichkeit waren wir nie einer Bedrohung ausgesetzt, und es ist mir peinlich, euch das alles zu berichten. Aber es zeigt nun einmal, welche Macht die Furcht über uns hat, die uns gefangen nehmen will mit allen möglichen Drohszenarien, die fast niemals Wirklichkeit werden.

Allerdings hatte meine lächerliche Panik mitten in der Nacht einen nützlichen Nebeneffekt. Mir wurde klar, dass es Leute gibt, die jeden Tag und jede Nacht mit der ganz realen Möglichkeit leben, dass jeden Augenblick feindselige Besucher auf ihrer Matte stehen könnten, nur weil sie Jesus lieben und ihm nachfolgen. Sie sind unglaublich tapfer, und es ist dringend notwendig, dass wir für sie beten und unsere Stimmen für sie erheben. Denn ihre Furcht hat, im Gegensatz zu meiner, einen realen Grund.

Jeff

Jeff, ärgert dich irgendetwas an Adrian?

Ich bin froh, dass diese Frage bei mir gelandet ist, denn so kriegt Adrian keine Chance, sich über die vermutlich ziemlich lange Liste von Dingen auszulassen, die ihn an mir nerven. Dagegen gibt es nur drei Dinge, die mich an Sankt Adrian ärgern, und dieser Ärger nagt hartnäckig an mir, seit ich ihn irgendwann so um 1869 kennengelernt habe.

Erstens, und das frustriert mich besonders, kann Adrian mich in einer Millisekunde durchschauen. Als wir während einer Tour zusammen im Auto unterwegs waren, erzählte ich ihm davon, wie ein anderer christlicher Leiter mich tief verletzt habe. Nachdem ich ihm mein ziemlich bitteres Herz ausgeschüttet hatte, behauptete ich, inzwischen mache mir die ganze Angelegenheit nicht mehr zu schaffen.

Einen Moment lang herrschte Schweigen, dann schnaubte Adrian einmal kurz durch die Nase und fing schließlich lauthals zu lachen an. So eine Rücksichtslosigkeit gegenüber meinem Schmerz! Und dann murmelte er ganz sanft (Adrian ist nämlich immer erbarmungslos sanft): „Klar, Jeff. Es tut dir jetzt kein winziges bisschen mehr weh, nicht wahr?" Die Maske war ab. Also, es kann schon ziemlich ärgerlich sein, dass man ihm nie etwas vormachen kann. Aber es hat auch etwas Wunderbares.

Mein zweiter Punkt, den ich an Mister Plass auszusetzen habe, ist dieser: Er schreibt viel besser, als ich es je könnte. Manche seiner E-Mails (falls er je dazu kommt, sie zu schreiben – das ist ein weiteres Ärgernis) sind pure Poesie. Es sind Formulierungen, wie sie nur aus dem Herzen und dem Verstand eines wahren Sprachkünstlers fließen.

Ach ja, und es gibt noch einen dritten Grund zum Nörgeln, wenn er auch banaler ist. Es kommt vor, dass er sich beim Essen bekleckert. Kann natürlich sein, dass das Absicht ist und er sich nur einen Snack für später aufheben will.

Jeff

Redest du über Jesus, wenn du nicht auf einer Bühne stehst?

Nicht so viel, wie ich gerne möchte. In diesem Bereich meines Lebens strebe ich danach, meinem Freund Larry ähnlicher zu werden.

Larry ist Friseur. Mein Friseur.

Friseure eignen sich hervorragend als Evangelisten.

Zum einen haben sie ein gebanntes Publikum und sprengen gerne mal den Rahmen der Standardfloskeln, die sie sich (ebenso wie die Taxifahrer in aller Welt) dauernd anhören müssen. „Na, viel zu tun in letzter Zeit?" Außerdem tragen Friseure die Verantwortung für das kostbare Gut unserer Haare, sodass ihre Kunden wohl eher das Vertrauen aufbringen, mit ihnen über die Dinge der Seele zu reden.

Doch vor allem eignen sich Friseure aus einem ganz einfachen Grund so gut fürs Evangelisieren.

Sie sind bewaffnet.

Okay, das Gewalttätigkeitspotenzial einer Schere ist begrenzt, aber in den richtigen Händen kann sie tödlich sein. Daher fördert sie sicherlich eine erhöhte Aufmerksamkeit gegenüber einem Stylisten, der Jesus liebt und eine Mission von Gott hat.

Larry, der sich mit aller Akribie darum bemüht, meiner immer schütterer werdenden Halbinsel ein stylishes Aussehen zu verleihen, hat eine große Gabe dafür, seinen Kunden die gute Nachricht des Glaubens weiterzugeben.

Aber kürzlich habe ich den Spieß einmal umgedreht. Ich wurde evangelistisch, und der Mann, der mir die Haare schnitt, war der eifrige Zuhörer. Nun, das war sozusagen eine Gebetserhörung, denn meine Bemühungen, mit anderen von meinem Glauben zu sprechen, waren in den letzten zehn Jahren oder so ein wenig kümmerlich. Missional gesehen hatte ich meine Stimme verloren. Als Gegenreaktion auf die übereifrigen, fremdschämwürdigen Evangelisationstechniken meiner ersten Jahre als Christ, in denen ich mit Vorliebe wildfremde Menschen am Schlafittchen packte und mit einem atemlosen Monolog überschüttete (egal, ob sie interessiert, fasziniert oder auch nur wach waren), war ich an der evangelistischen Front schweigsam geworden. Genauso geht es vielen von uns. Wir reden uns heraus mit dem überstrapazierten Zitat: „Predige das Evangelium jederzeit; wenn nötig, gebrauche Worte dazu." Manche von uns verzichten inzwischen ganz auf Worte. Doch derjenige, der das zuerst gesagt hat, wir kein Geringerer als Franz von Assisi, der ja nicht nur berühmt dafür war, dass er mit Eichhörnchen plauderte, sondern auch dafür, dass er seinen gesamten Besitz verschenkte. Wenn du erst einmal um deiner Liebe zu Jesus willen alles, was du hast, den Armen gegeben hast, brauchst du wahrscheinlich auch nicht mehr so viele Worte zu machen.

Deshalb habe ich also Gott gebeten, er möge mir helfen, ein bisschen freimütiger damit zu werden. Und letzte Woche während einer Reise betrat ich wahllos irgendeinen Friseurladen, den ich nicht kannte, und bekam zu meiner Bestürzung sofort die Gelegenheit, von meinem Glauben zu reden. Der Friseur bombardierte mich derart mit Fragen über das Christentum, dass ich ganz vergaß, ihm zu sagen, wie ich meine Haare geschnitten haben wollte. Es machte mir solchen Spaß, mich mit ihm über den Unterschied zwischen toter Religion und lebendigem Glauben zu unterhalten, dass ich ganz abgelenkt war; und dann nahm ich auch noch meine Brille ab, sodass ich nicht mehr sehen konnte, was da im Spiegel passierte. Ohne Brille bin ich so blind wie die sprichwörtliche Fledermaus (sogar noch blinder, da ich leider nicht mit Ultraschall ausgestattet bin). Er machte sich mit der Schere ans Werk. Auf ziemlich enthusiastische Weise.

Zwanzig Minuten später setzte ich meine Brille nervös wieder auf und sah mich dem Spiegelbild eines Burschen gegenüber, der aussah, als wäre er gerade für die US-Marines rekrutiert worden. Wie kurz die Haare wirklich geraten waren, merkte ich, als ich später am Abend zurück zu der Gemeinde ging, wo ich sprach, und eine Mitarbeiterin (die ich zuvor in noch vollständiger behaartem Zustand kennengelernt hatte) mich mit den Worten begrüßte: „Ach du meine Güte. Wer hat dir das denn angetan?" Meine Frau empfing mich mit einer Miene puren Entsetzens, die mir zeigte, dass ihre Augen bestens in Ordnung sind, gefolgt von einem mitleidigen Lächeln, das mir zeigte, dass auch ihr mitfühlendes Herz noch bestens in Schuss ist.

Aber Folgendes passierte. Ich hatte den Friseur zu dem Abend in der Gemeinde eingeladen und ihm ein paar Bücher gegeben, wobei ich allerdings gar nicht damit rechnete, dass er wirklich kommen würde. Ach, ich Kleingläubiger. Natürlich kam er. Hinterher sprach er mich an und sagte, der Abend hätte ihm sehr gefallen, er habe sich sogar für den Alphakurs angemeldet und sich für später in der Woche mit dem Pastor zum Kaffee verabredet. Später witzelte ich, ich hätte um des Evangeliums willen meine Haare hingegeben (wenn da auch eigentlich nicht allzu viel hinzugeben war). Aber dadurch hatte ich etwas viel Besseres zurückgewonnen: die ungetrübte Freude, ein ganz natürliches, unaufdringliches Gespräch zu führen, das hoffentlich jemandem hilft, zu entdecken, wie sehr Gott ihn liebt.

So bekomme ich also ganz allmählich meine Stimme zurück. Und eines strahlend schönen Tages werden mir hoffentlich auch die Haare wieder wachsen.

Adrian

Unser Vikar sagt immer im Brustton der Überzeugung: „Gott hat mir gesagt ..." Auf welcher Wellenlänge empfängt der denn? Mir passiert das nie.

Nur so ein Gedanke: Hast du mal nachgefragt, ob „Gott" vielleicht nur der Spitzname ist, mit dem der Vikar von eurem Pfarrer spricht? Ich wollte nur mal auf diese Möglichkeit hinweisen. Vikare gewöhnen sich manchmal einen ziemlich ironischen Ton an, wenn sie Selbstvertrauen gewinnen und allmählich von ihrer Porphyrophobie (schlag das selbst nach) geheilt werden.

Aber im Ernst – es ist schon ein Problem, nicht wahr? Ich

habe an anderer Stelle schon einmal über einen Mann aus einer Gemeinde geschrieben, in die wir einmal gingen, der manchmal einen Teil des Gottesdienstes vereinnahmte, um ausführlich von den Gesprächen zu erzählen, die er morgens beim Marmeladenbrötchen mit Gott geführt habe. Ich drücke es so aus, weil es sich so anhörte:

„Gott sagte zu mir: ‚Alan, ist dir schon mal aufgefallen, dass du mit deiner Familie meistens verspätet zum Gottesdienst kommst?‘ Und ich sagte zu ihm: ‚Nein, eigentlich nicht.‘ Da sagte er zu mir: ‚Na, ich glaube, darüber solltest du mal nachdenken.‘ Und ich sagte zu Gott: ‚Okay, mache ich.‘ Darauf sagte er: ‚Gut, danke, Alan.‘ Und ich antwortete ...“

Diese packenden Episoden aus Alans geistlicher Seifenoper konnten sich bisweilen ziemlich hinziehen, und sie hatten eine ausgesprochen betäubende Wirkung auf den Rest der Gemeinde. Wir saßen da und hörten in einer Art trübsinniger Resignation zu; bei einigen lag es sicher daran, dass es ihnen so ging wie dir, wenn du deinem Vikar zuhörst.

Warum, so fragten sie sich, bin ich ausgeschlossen von dieser wunderbaren Welt, in der sich der allmächtige Gott im nettesten Plauderton am Frühstückstisch mit einem unterhält? Wenn so ein Dialog tatsächlich stattfinden könnte, dann wären doch all unsere Probleme vorüber. Wenn man John Humphrys und Gott fragen kann, dann dürfte man doch bis spätestens neun Uhr morgens alle Antworten auf alle Fragen unter der Sonne beisammenhaben.

Andere unter uns, ich zum Beispiel, saßen in stummer Qual da, krallten ihre Zehen zusammen und knirschten mit den Zähnen, eingeklemmt zwischen den Forderungen der Höflichkeit und der angemessenen Zurückhaltung und dem aufkeimenden Verlangen, aufzustehen und Alan zu sagen, er rede einen Haufen

Quark zusammen. Willst du allen Ernstes behaupten, so brannte die Frage in uns, das ewige Mysterium unserer Beziehung zu Gott sei nun aufgelöst, weil der Schöpfer täglich zum Planungsgespräch unter vier Augen mit Alan Moresby in 38, Charlton Gardens, erscheint? Oder was? Na?

Weißt du, das Problem war, dass wir alle zumindest theoretisch den Gedanken unterschrieben hätten, dass Gott tatsächlich zu gewöhnlichen Menschen in gewöhnlichen Situationen spricht. Irgendwie war doch immer davon die Rede. „Wenn ihr betet", sagte zum Beispiel ein Pastor oder Ältester mit gespielter Strenge, „dann redet nicht nur. Hört auch mal zu. Lasst Gott auch mal zu Wort kommen."

Dergleichen Beispiele tollkühnen und geistreichen Humors wurden dann mit christlich-höflichem Gekicher quittiert.

Durch ein Lied, das den schlüssigen Beweis lieferte, dass der Teufel keineswegs die besten Lieder hat, lernten die Kinder der Gemeinde, Gebet sei „wie ein Telefon". Aber das stimmt ja nicht, oder? Bei einem Telefon wählt man die gewünschte Nummer, wartet einen Moment, und dann antwortet einem die Person, die man angerufen hat. Man führt ein Gespräch. Man muss sich nicht angestrengt konzentrieren, um aus der Stille eine Botschaft herauszuhören. Für Mose und Jesus war das Gebet vielleicht wie ein Telefon, aber für die meisten von uns ist es das nicht.

Die Fähigkeit, Gottes Stimme zu hören, ist ein Punkt auf einer langen Liste falscher Gewissheiten und inoffizieller Glaubensartikel, die zuversichtlich ausgesprochen werden, aber innerlich mit Unbehagen durchsetzt sind und uns dazu ermuntern, die Wahrheit zu verwässern. Indem wir diese gefährlichen Unwirklichkeiten übernehmen und verstärken, tragen wir unweigerlich mit zu dem Mangel an echter Kraft in christlichen Einrichtungen bei.

Es ist unwahrscheinlich, dass ich dem in dieser Frage erwähnten Vikar selbst schon einmal begegnet bin, und ich habe keine Ahnung, ob Gott deutlich zu ihm spricht oder nicht, aber meine Mahnung an mich selbst und jeden anderen ist wie immer die, dass die Wahrheit uns befreien wird. Was das Hören der Stimme Gottes angeht, habe ich auf die folgenden Arten mein Möglichstes getan, um bei der Wahrheit zu bleiben.

Erstens wüsste ich keinen Grund, wieso wir dem, was wir zu anderen Leuten sagen, überhaupt irgendein Echtheitsetikett aufkleben sollten. Wir kennen alle die vertrauten Phrasen:

„Ich empfinde, dass der Herr sagt ...“

„Gott hat mir etwas aufs Herz gelegt, was ich an euch weitergeben möchte ...“

„Der Heilige Geist gibt mir einen Bibelvers, der in unsere Situation hineinspricht ...“

Diese schillernd beklunkerten Anhängsel an schmucklosen Ratschlägen helfen vielleicht dem Möchtegern-Propheten, sich etwas selbstbewusster zu Wort zu melden, aber indem wir solche Behauptungen aufstellen, sagen wir den Leuten, sie müssten sich für ihre Reaktion darauf direkt vor Gott verantworten. Ich weiß nicht, wie es dir geht, aber ich finde, das ist ein sehr ernüchternder Gedanke. Nach aller Erfahrung ist es meistens ziemlich egal, ob du irgendein Etikett daraufklebst oder nicht, wenn du etwas zu sagen hast, was möglicherweise von Gott kommt. Warum lässt du es nicht einfach weg? Wenn es von Gott stammt, wird es seine Wirkung tun; wenn nicht, kann es immer noch nützlich sein, aber jedenfalls, ohne der Person, der du zu helfen versuchst, eine zusätzliche Bürde aufzulegen.

Ja, natürlich mag es Momente geben, in denen eine modernere Version des alten „So spricht der Herr“ vonnöten ist, aber wir müssen vorsichtig damit sein.

Wenn ich Leuten etwas sagen will, wovon ich glaube (und hoffe), dass Gott es mir gesagt hat, dann schicke ich normalerweise die Worte voraus: „Wenn Gott wirklich zu Menschen spricht und wenn er in diesem Fall tatsächlich zu mir gesprochen haben sollte, dann hätte er Folgendes gesagt ...“ Selbst, wenn ich mir ziemlich sicher bin, und hin und wieder kommt das tatsächlich beinahe vor, verliert das Gesagte dadurch, dass man dem Zweifel ein kleines Fensterchen offen lässt, nichts von seiner Kraft. Die Leute müssen noch atmen können.

Mein abschließender Rat an die Person, die diese Frage gestellt hat, ist folgender. Wenn du die Stimme Gottes hören willst, dann spiel keine fromme Rolle, denk dir nicht irgendwelche Sachen aus, sondern bitte ihn immer wieder, zu dir zu reden, und freu dich auf die faszinierenden Komplikationen, die eine positive Antwort auf dieses Gebet in dein Leben bringen wird.

Jeff

Welche Geschichte oder Anekdote hast du bereut, nachdem du sie erzählt hast?

Ich habe früher eine Geschichte über einen allzu enthusiastischen Christen erzählt, den ich von der Bibelschule kannte, die ich (zu Unrecht) für ziemlich witzig hielt. Sie war überhaupt nicht witzig, sie war grausam, und ich habe mich oft gefragt, ob meine unbedachten Äußerungen dieser Person je zu Ohren gekommen sind. Falls du jetzt darauf wartest, ich werde diese Geschichte nicht hier erzählen und meine Dummheit noch schlimmer machen. Das Hirn (und das Herz) einzuschalten, bevor man den Mund aufmacht, ist eine wesentliche Lebenslektion.

Jeff

Tanzt du?

Ja. Unsäglich schlecht. Rhythmus habe ich schon, aber mit der Koordination hapert es, sodass ich aussehe, als hätte ich eine Art Anfall. Kein schöner Anblick.

Aber wenn es dir recht ist, möchte ich gerne von zweien der schönsten Anblicke erzählen, die ich je zu Gesicht bekommen habe. Beide ereigneten sich auf einer Tanzfläche.

Der erste war auf der Hochzeit unserer Tochter Kelly mit Ben. Es war ein emotional aufgeladener Tag. Ich schluchzte mich durch meine kurze Brautvaterrede, und dann brachte mich Kelly mit ihrer Rede zum Vergehen (auf die allerschönste Weise). Drei Sätze daraus werde ich nie vergessen: „Manche von euch hier kennen meinen Dad als christlichen Leiter und fragen sich vielleicht, wie er wohl im Privaten ist. Nun, ich sage euch, er ist ein und derselbe. Ich liebe dich, Dad."

Aber dann, nachdem wir mit Hähnchencurry und Ben-&-Jerry's-Eiscreme getafelt hatten (nacheinander, versteht sich), legte der DJ auf, und der Tanz begann. Und in diesem Moment ergriff Kelly die Hände ihrer beiden Großmütter – beide sehr reservierte Damen, die nicht im Traum den Fuß auf eine Tanzfläche gesetzt hätten – und sprang mit ihnen herum, während

„We Are Family" von Sister Sledge ertönte. Ja, wir waren Familie, und wir sind es.

Der zweite wunderbare Tanz fand erst vor ein paar Wochen statt. Meine Mutter, eine der beiden eben erwähnten Großmütter, erinnert sich nicht mehr daran, dass wir Familie sind. Verwirrt im Nebel der Demenz, lebt sie jetzt in einer Pflegeeinrichtung. Manchmal, wenn ich sie besuche, weiß sie, wer ich bin. Manchmal weiß sie es nicht, und hin und wieder hält sie mich für ihre achtzigjährige Freundin Audrey. Und dann hatten wir auch schon solche unerfreulichen Gespräche, in denen sie mich mit irgendjemandem verwechselte und sich bei *mir* über *mich* beschwerte. So kann man wohl auch herausfinden, wie die Leute wirklich über einen denken ...

Ich habe durch diese Besuche bei meiner Mutter viel über die Inkarnation gelernt, denn ich muss mich jetzt mit Haut und Haaren in ihre Welt hineinbegeben, meine eigene ignorieren und die wirkliche Welt eine Weile außen vor lassen. Ich lüge sie dauernd an. Wenn sie mich fragt, wie es meinem Papa geht, sage ich ihr, es gehe ihm prima. Eine Zeit lang versuchte ich, ihr zu sagen, er sei vor über zwanzig Jahren gestorben, aber das bringt sie nur aus der Fassung – und schlimmer noch, sie trauert wieder ganz neu, weil sie vergessen hat, dass er tot ist. Als ich mich damit quälte, ihr Unwahrheiten anzudrehen, half mir ein Dokumentarfilm über Demenz von Louis Theroux sehr. In einem Interview mit der Leiterin einer Spezialeinrichtung für Demenzkranke fragte Theroux, ob die Mitarbeiterinnen die Patienten belügen, um ihnen Leid zu ersparen. „Natürlich tun wir das", antwortete sie lächelnd. „Hier lügen wir den ganzen Tag!"

Jedenfalls gingen Kay und ich kurz vor Weihnachten Mum besuchen. Eine gut gelaunte Frau im Weihnachtsmannkostüm sang zu Playback Weihnachtsklassiker und ermunterte dann plötzlich die Bewohner – von denen manche kaum ihren Gesang bemerkt hatten und andere sogar schliefen –, zu tanzen, wenn sie Lust dazu hatten. Manche der Pflegekräfte luden die Bewohner noch einmal direkt zum Tanzen ein, und bald bewegten sich drei oder vier Pärchen langsam durch den Raum.

„Wie wär's, du tanzt mal mit deiner Mutter?", schlug Kay vor. Ich war nicht begeistert von der Idee. Mum zum Glück auch nicht.

„Nein danke", gab sie verdrießlich zurück. Ich liebe meine Mum, aber sie hatte ihr Leben lang ein großes Talent zur Verdrießlichkeit, und die Demenz hat dem keinen Abbruch getan. Daraufhin schlief sie sofort ein.

Etwa fünf Minuten später wurde sie plötzlich hellwach, ergriff ohne ersichtlichen Grund meine Hand und sagte: „Komm, wir tanzen."

Und das taten wir dann auch. Gewiss war es kein hübscher Anblick, wie wir zu Mariah Careys Version von „Have Yourself a Merry Little Christmas" übers Linoleum schlurften.

Ich muss einen Moment innehalten.

Mir ist etwas passiert, gerade eben, während ich hier sitze und auf meine Tastatur einhacke. Als ich eben an diesen Tanz mit meiner Mum zurückdachte, stieg ein Erlebnis in mir auf, das wahrscheinlich meine früheste Erinnerung sein dürfte.

Ich weiß nicht mehr viel von meiner Kindheit. Manchmal glaube ich, im Gehirn gibt es ein versiegeltes Gewölbe, in dem Akten voller Gespräche und Tränen und Ängste und Weihnachtsfeste in der organischen Entsprechung alter stählerner Aktenschränke abgelegt sind.

Vielleicht ist mir deshalb nicht mehr viel in Erinnerung geblieben, weil es, offen gesagt, nicht so toll war. Wir waren keine besonders glückliche oder friedliche Familie – kein Wunder.

Meine Mutter hatte einen griesgrämigen Stiefvater, einen Straßenarbeiter mit ausgesprochen grausamer Zunge. Er trug einen dicken Ledergürtel, der nicht nur seine Hosen in Position hielt, sondern ihm nach allem, was ich höre, auch dazu diente, seine Stieftochter, meine Mum, im Zaum zu halten. Die Wunden in ihrer Seele haben sie ein Leben lang begleitet.

Und dann lernte sie meinen Vater kennen. Nachdem er zu Beginn des Zweiten Weltkriegs in Nordafrika in Gefangenschaft geraten war, vegetierte er vier Jahre seines jungen Lebens in einem Kriegsgefangenenlager dahin, nur wenige Meilen von Ausschwitz entfernt. Während eines Todesmarschs im kältesten Winter seit hundert Jahren gelang ihm endlich die Flucht.

Zurück in England, lernte mein Dad tatsächlich bei einem Tanzvergnügen meine Mum kennen. Nachdem er sie gebeten hatte, mit ihm auszugehen, ging mein Dad in das Pub, wo der Bauarbeiter mit dem dicken Gürtel an den meisten Abenden zehn große Gläser Bier zu vertilgen pflegte.

Ihre erste Begegnung verlief nicht sehr erfreulich.

Mein Stiefgroßvater sagte zu meinem Dad, er könne Soldaten nicht leiden, weil die immer Geschlechtskrankheiten hätten.

Daraufhin informierte mein Dad meinen Stiefgroßvater, falls dieser je wieder den Gürtel gegen seine Tochter einsetzen würde, würde er ihn töten.

Ein ehemaliger Kriegsgefangener und eine junge Frau, die gelernt hatte, sich vor Männern zu fürchten. Die Tatsache, dass diese meine beiden Eltern sich fanden und es schafften, zusammenzubleiben, ist bemerkenswert. Es gab schöne Zeiten in unserer Familie, aber auch eine Menge Spannungen und Konflikte.

Aber ich erinnere mich noch an einen anderen Tanz. Ich war noch ganz klein, vielleicht zwei Jahre alt, und Dad spielte eines seiner Lieblingslieder auf dem Grammofon. Plötzlich hob er mich auf, legte meinen Kopf auf seine Schulter und begann mit mir ganz langsam, ganz sanft durchs Zimmer zu tanzen. Ich rieche jetzt noch die Pomade, die er für seine Haare benutzte. Ich spüre seine Hand auf meinem Hinterkopf, die meinen Kopf sanft gegen seine Halsbeuge presste. Ich höre, wie er mir das Lied in die Ohren summte. Es fühlte sich gut an. Geborgen.

Fast sechs Jahrzehnte später fühlte sich auch meine Mutter für eine kleine Weile völlig geborgen, während sie mit ihrem Sohn tanzte und alles so war, wie es sein sollte. Wenigstens für diesen Moment hatte sie wirklich ein fröhliches kleines Weihnachten. Kein Konflikt. Kein Gürtel.

Das Foto von uns beiden habe ich immer noch auf dem Telefon. Wie es aussieht, könnte unser Weihnachtstanz durchaus unser letzter Tanz überhaupt gewesen sein. Und ich werde dieses Lied von Mariah Carey nie wieder hören können, ohne eine Träne zu vergießen.

Aber ich bin froh, dass wir diesen unbeholfenen kleinen Walzer zusammen getanzt haben.

Nichts als
die Wahrheit

Adrian Plass & Jeff Lucas
Jetzt mal ehrlich ...
Fromme Chaoten unzensiert

Gebunden, 208 Seiten
ISBN 978-3-86506-465-3

In Ihren Briefen erzählen die beiden Quer-
denker von persönlichen Aufs und Abs,
denken kritisch über Christsein und die
Gemeinde der Gegenwart nach, berichten von
verrückten Erlebnissen auf und abseits der
christlichen Bühnen und beschreiben den
Kampf mit eigenen Zweifeln und Schwächen.
Christsein ungeschminkt und lebensnah!

Verlag | Alles, was Sinn macht!

Getragen in
schweren Zeiten

Adrian Plass
**Tagebuch eines
angeschlagenen Chaoten**

Gebunden, 96 Seiten
ISBN 978-3-86506-797-5

Es war kein einfaches Jahr 2014, das Adrian
Plass da durchzustehen hatte: Nachdem der
Verdacht auf einen Gehirntumor ausgeräumt
ist, erleidet er einen Schlaganfall.

Kaum in der Lage, seine rechte Hand zu benutzen, lässt er sich nicht unterkriegen und
kämpft sich tapfer zurück. Schließlich steht
die Deutschland-Tournee vor der Tür, die
er um keinen Preis verpassen möchte. Und
die wird ihm tatsächlich in ganz besonderer
Erinnerung bleiben …

Brendow
Verlag | Alles, was Sinn macht!